中国武术伦理与道德

李守培 著

上海人民出版社

中国特色社会主义体育强国建设研究中心资助出版项目
（ZX2018-ZK03）

上海体育学院文化系列丛书资助出版项目
（TYWHCS201825）

中国博士后科学基金第61批面上资助“中国传统武术伦理的当代发展研究”成果
（2017M611598）
中国博士后科学基金第10批特别资助“中国传统武术伦理发展研究”成果
（2017T100305）

体育文化系列丛书编委会

总　序

2012年起，上海体育学院主动对接教育强国、文化强国和体育强国建设国家战略，充分发挥学科优势和体育特色，启动编著“体育文化系列丛书”，至今已有十年整。丛书是研究发掘体育行为文化和精神文化成果的专题系列书籍，着力发挥学术研究在体育文化建设中的思想引领、价值导向和智力支持作用。

在新的历史方位上，丛书的独特价值正愈加显现。党的十八大以来，以习近平同志为核心的党中央站在国家强盛、民族复兴的战略全局，高度重视体育事业发展。党的十九大报告指出，文化是一个国家、一个民族的灵魂。文化兴国运兴，文化强民族强。没有高度的文化自信，没有文化的繁荣兴盛，就没有中华民族伟大复兴。党的二十大报告提出“推进文化自信自强，铸就社会主义文化新辉煌”，我国文化建设的内涵不断丰富，要求不断深化。体育文化是中国特色社会文化的重要分支，是体育事业可持续发展的强大动力，是文化强国建设的重要抓手，是体育强国、健康中国建设的坚实基础，是综合国力、文化软实力的重要体现。对体育文化的研究及其推广传播，成为加强文化建设、坚定文化自信、提升文化软实力的重要实践。

十年里，学校将“体育文化系列丛书”编著列为学校重点工作，先后将其纳入“085工程”内涵建设项目、国家“双一流”建设和上海高水平地方大学建设项目，每年安排专项经费，资助鼓励开展体育文化学术研究。截至目前，作为国内第一套系统研究体育文化的系列丛书，丛书已推出六辑近二十部作品，内容涉及足球文化、乒乓球文化、武术文化、垂钓文化、体育教育、体育思想、学校体育、竞技体育、中华体育精神等内容，形成了一批体现时代引领性、理论创新性，富有体育特色的出版成果，为体育文化建设贡献了上体人的智慧力量。

体育文化内容广博，又处在不断发展和丰富过程中。面向未来，丛书在选题和研究过程中，应体现“三个更加突出”。一是更加突出立德树人、以体育人。高校的根本任务是立德树人。体育蕴含着丰富的育人价值，不仅能强身健体，更能培育心智、涵养品德。作为高校推出的系列丛书，育人价值的挖掘是其应有之义。二是更加突出中国特色、文化传承。中国有着悠久的体育文化传统。发掘传播中国体育文明，弘扬中华体育精神，对增强民族自尊、提高文化自信有着重要意义。三是更加突出国际视野、开放包容。体育是人类的共同语言，作为全球化的重要组成部分，使不同地域、民族的体育得以多元融合、相互吸纳，发展成为新的世界文化模式。对国际视野下的体育文化应给予更多关注。

丛书的出版得到了上海市委宣传部和上海世纪出版集团、上海人民出版社等单位长久以来的大力支持和帮助。在此，表示衷心的感谢！

党的二十大报告提出“到二〇三五年，建成教育强国、科技强国、人才强国、文化强国、体育强国、健康中国，国家文化软实力显著增强”。体育文化建设任重道远，体育人责无旁贷。希望“体育文化系列丛书”能够不断推出更多优秀专著，能够为我国体育文化建设添砖加瓦！

上海体育学院院长 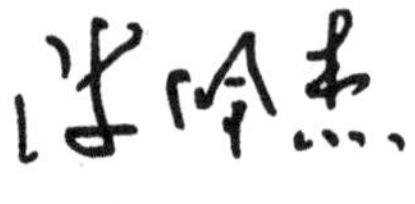

2022 年 11 月

序　言

当今世界正经历百年未有之大变局，“人类社会向何处去”已成为世界之问、时代之题。基于此背景，伦理之倾向与道德之标准，正直指这一恢宏问题的核心与根本，足见伦理学研究意义与价值之重大。作为世界文明中唯一绵延数千年而未有中断者，辉煌灿烂的中华文明具有突出的“道德品格”与典型的“伦理特色”，这其中蕴含着中国人独有的“文化品位”，彰显出中华民族独特的“价值取向”。这种品格与特色、品位与取向，不仅是对“何以中国”的历史解答，也内蕴着“中国何去”的未来之方，可揭示当下中国亟待加快构建伦理学自主知识体系的主要缘由。

中国武术作为中华文明的一种标识性文化形态、独特性知识体系，从“武”的向度系统凝聚、全面展现着中华文明的伦理规范、道德实践及价值选择。当然，正所谓“拳以德立、无德无拳”，对于伦理与道德的高度关注，也构建了中国武术区别于他国武技的鲜明特质。由此，深入研究中国武术的伦理道德，不仅有益于深入回答“何以武术”的文化之问和原点之思，更有助于讲解中国人的处世之法和生存之道，讲明中国文化的根本脉系和特质所在，讲透中华文明的精神气度和突出特性。然而，既往研究对此均缺少系统阐释和深入探究。

《中国武术伦理与道德》一书是首部将中国武术的“伦理”与“道德”同时作为研究对象，系统思考武术伦理历史形成及武术道德新时代构建的著作。该书不仅厘清了武术伦理与道德的异同，创新提出中国武术伦理与道德“三维一体”的内在结构，全新确立“人际、身心、天人”的三维视野，还对传统武术伦理的历史形成做出创新分析和概括，形成武术伦理研究新的分析框架、学术体系、话语风格，尤其是，基于社会主义核心价值观，着力构建了突出“中国特色、世界意义、时代特征、专业特性”的新时代武德，形成了中国特色武术道德话语体系。

该书内容丰实、创新度高，具有宽广的学科视野、厚实的文化底蕴及鲜明的哲学品格，是新时代武术伦理与道德研究领域的代表性成果。可以认为，该成果不仅有助于中国武术伦理学知识体系的构建，也是武术学人在实现中华民族伟大复兴的战略全局和世界百年未有之大变局中尽其所为、献其所力，为安抚情感、安顿心灵、安放生命提供了空间和选择，同时，也为世界更好感受中华文明精神气象、认知中华文化核心价值、理解中华民族心理品格，从武术之维，开辟了新视界、提供了新思路、贡献了新观点。

近年来，我经常从“两个大局”的高度，思考“武术学”作为一个学科何以成立的问题，并在不同场合提出“武术学”学科建设构想，其中一条基本观点就是要建构具有高度文化自信、致力增强文化认同的“武术学”知识体系。这一体系可以由武术伦理学、武术文化学、武术传播学、武术社会学、武术教育学、武术养生学等众多分支展开并支撑。当然，由于武术的伦理特质，武术伦理学更应及早形成。如今，李守培教授的新作《中国武术伦理与道德》，为武术伦理学的系统构建奠定了基础。未来，希望武术学界进一步凝聚共识，以“有组织”的科研，勠力推进“武术学”学科体系建设，为加快构建中国特色哲学社会科学学科体系、学术体系、话语体系，推进文化自信自强，铸就社会主义文化新辉煌作出应有贡献。

上海体育大学武术学院教授、博士生导师

上海市东方学者特聘教授

郭玉成

2023 年 8 月 23 日

目 录
contents

下篇　中国武术的新时代道德

附　　录

导言　中国武术伦理与道德的内在结构

一、研 究 缘 起

着眼中国，中华民族以千年积淀孕育了“伦理本位”的社会和“崇德向善”的文化。中华文明的绵延挺立和经久不衰，根本上有赖于中华民族自商周之际便已逐渐树立起的道德根基，之后中华民族形成的“最突出的成就与最明显的局限都与它作为主导倾向的伦理品格有关”①。诚然，中国的伦理与道德并非一成不变，但建基于“道之大原出于天，天不变，道亦不变”(董仲舒《举贤良对策》)的核心认知，中华民族始终持守着“虽有损益，历百世而可知”的高度自信。唯至19世纪中叶，面对西方文明的汹涌来袭，中华民族历代推崇的“天”遭遇强势冲击，长期信奉的价值秩序发生“天崩地裂”式瓦解，以致信心不再，于彷徨和无奈中或被动或主动地进入了求存图强的现代化征程。进入新时代，如何以习近平新时代中国特色社会主义思想为指导，重建伦理，重修道德，着力从文化的深层去缓和，甚至解决人民日益增长的美好生活需要和不平衡不充分的发展之间的矛盾，成为民族之急务、时代之重任。

环顾世界，习近平总书记在纪念孔子诞辰2 565周年国际学术研讨会上的讲话中深刻指出：“当代人类也面临着许多突出的难题，比如，贫富差距持续扩大，物欲追求奢华无度，个人主义恶性膨胀，社会诚信不断消

① 陈来.中华文明的核心价值：国学流变与传统价值观[M].北京：生活·读书·新知三联书店，2015：39.

减,伦理道德每况愈下,人与自然关系日趋紧张,等等。”究其根由,也许正是市场社会里资本的运行,对于人类欲望的不正当激发①,导致了整个人类心灵结构的失序、精神世界的紊乱,以及价值冲突和内心焦虑的愈益凸显。要解决这些难题,“我们应该有多种多样的尝试,来从理论上探讨充分利用中国历史文化中深厚的道德资源,同时又充分考虑现代世界的发展,构建一个能够作为新的社会道德根基的伦理体系”②。

中国武术在数千年发展历程中,和中国传统伦理与道德积极互动,储备了丰富的伦理智慧和道德资源,从“武”的维度形成了自成体系的伦理思想和道德标准,确立了“拳以德立”“无德无拳”的文化形态,进而彰显出鲜明的伦理特质和道德倾向,堪称中国传统伦理文化与道德思想之典范。将中国武术的伦理与道德作为研究对象,厘清其基本结构,进而探讨武术伦理的历史形成,思考武术道德的新时代构建,对于理解武术发生发展的精神命脉,弘扬武术优秀伦理思想和道德观念,推进武术伦理和道德的学术体系、话语体系建设,落细落小落实社会主义核心价值观,确立武术在新时代发展的道德根基,服务中国特色社会主义道德建设和全球伦理构建,均有积极意义。

二、“伦理”与“道德”辨析

“伦理”与“道德”在我们的日常生活中是司空见惯的两个词,伦理学作为一门学科也延续了两千多年,是人类最古老的学科之一,但是对“伦理”“道德”的概念界定至今却仍众说纷纭。甚至在两千多年间,直到德国古典哲学出现之前,还没有人给它们下一个确切定义,做适当区分,③因而经常互换使用,甚至直接连用为“伦理道德”。

从词源含义来看,西方的“伦理”(ethics)一词出于希腊文“ethos”,含有

① 晏辉.价值哲学视阈中的心灵之序与世界之序[J].当代中国价值观研究,2017(4):5—17.

② 何怀宏.新纲常:探讨中国社会的道德根基[M].成都:四川人民出版社,2013:41.

③ 宋希仁.西方伦理思想史[M].2版.北京:中国人民大学出版社,2010:3.

风俗、习惯、气质和性格等意义；“道德”(morality)源于拉丁文“moralis”，这个词的复数“mores”指风俗、习惯，单数指个人性格、品性等意思。①可见，二者在西方的词源含义完全相同。中国的“伦理”和“道德”两词在词源上有所区别。“伦”本义为“辈”，《说文》曰“伦，辈也”，引申为“人际关系”，如所谓“五伦”，便是五种人际关系。“理”本义为“治玉”，《说文》曰“理，治玉也……玉之未理者为璞”，引申为整治和物的纹理，如修理、理发、木理、肌理，进而引申为规律和规则。于是，合而言之，所谓“伦理”，就是人际关系事实如何的规律及其应该如何的规范。“道”本义为道路，《说文》曰“道，所行道也”，引申为规律和规则。可见，“道”与“理”实为一物，所以段玉裁注《说文》“伦”字曰：“粗言之曰道，精言之曰理。”“德”本义为得，《说文》曰“外得于人，内得于己也”。得到了什么呢？从“德”字的构形看，从徝(古直字)从心：心得正直。②故将“德”引申为正直的品德、品质。而“得”(德)的途径便是行道，如钱穆言，“德者得也”，行道而于己有“得”是为德。性由天生，德由己成。③如此，将“道”与“德”合在一起，“道”受到“德”的限制，表示行为应该如何的规范，而去掉了“伦理”中“事实如何的规律”意。因为只有按照行为应该如何的规范行道，才能得到理想中的正直品德。可见，中国的“伦理”与“道德”从词源上讲，“伦理”包含“道德”，“伦理”所指人际行为、关系包含“实然”和“应然”两方面，而“道德”所指则仅限于“应然”一面。

从现当代认识来看，学者对于“伦理”“道德”的理解范围有所扩大。比如，法国思想家埃德加·莫兰认为，“一切伦理行为事实上都是一种连结行为，与他人的连结，与自己亲朋的连结，与共同体的连结，与人类的连结，最后是置身宇宙之中的连结”；④美国伦理学家蒂落认为，“道德基本上是讨论人的问题的，讨论人同其他存在物(包括人和非人)的关系如何”；⑤我

---

① 王泽应.伦理学[M].北京：北京师范大学出版社，2012：3—4.

② 王海明.伦理学方法[M].北京：商务印书馆，2003：3—4.

③ 钱穆.中华文化十二讲[M].北京：九州出版社，2012：32.

④ 埃德加·莫兰.伦理[M].于硕，译.上海：学林出版社，2017：57.

⑤ 雅克·蒂落，基斯·克拉斯曼.伦理学与生活[M].程立显，刘建，等，译.北京：世界图书出版公司，2008：5.

国思想家、哲学家梁漱溟认为,“是关系,皆是伦理”;①我国伦理学家罗国杰认为,“道德,就是人类现实生活中所特有的,由经济关系决定的,依靠人们的内心信念和特殊社会手段维系的,并对善恶进行评价的原则规范、心理意识和行为活动的总和”;②北京大学教授魏英敏认为,“道德,是人们在社会生活中形成的关于善与恶、公正与偏私、诚实与虚伪等的观念、情感和行为习惯,以及依靠社会舆论和良心指导的人格完善或品德修养和调节人与人、人与自然关系的规范体系”;③湖南师范大学教授王泽应认为,“道德调整的关系主要有人与人、人与社会的关系,同时,人与自身、人与自然的关系也是道德调整的重要方面”。④可见,国内外现当代学者对“伦理”和“道德”的认识尽管见仁见智,但总体上已逐步从人与人之间的关系扩展到身心之间、天人之际。

通过上述“古、今、中、外”的全面审思,本研究认为,对于“伦理”和“道德”的认识应该形成三个基本观点。第一,“伦理”的范围大于“道德”,“伦理”所指包含“实然”和“应然”两方面,而“道德”则仅限于“应然”的方面。第二,“伦理”和“道德”在应然的方面,意义是一致的。第三,“伦理”和“道德”的指涉范围应包含人与人、身与心、天与人三种关系,而不应仅限于其中的一种或两种。之所以这样限定,主要是考虑到中国传统文化有追求“不隔”⑤的传统,一贯倾向于强调天、人、身、心的不可分割性,以“民吾同胞,物吾与也”“有无一,内外合”(《正蒙》)这种打通万有、和融莹彻、充塞流行的高远境界为追求,致使“伦理就意味着天、地、人统一的合理秩序”⑥。这符合钱穆先生的伦理观,他认为中国人主张天人合一,即是性道合一。性禀自天而蕴于内,道行于人而形之外。天人合一、性道合一,也就是内外合一、心物合一。天人相通,内外相通,此始是大

① 梁漱溟.中国文化要义[M].上海:上海人民出版社,2005:72.

② 罗国杰.马克思主义伦理学[M].北京:人民出版社,1982:4.

③ 魏英敏.新伦理学教程[M].2版.北京:北京大学出版社,2003:99.

④ 王泽应.伦理学[M].北京:北京师范大学出版社,2012:6.

⑤ 张耀南.“大人”论——中国传统中的理想人格[M].北京:北京大学出版社,2005:213.

⑥ 宋希仁.马克思恩格斯道德哲学研究[M].北京:中国社会科学出版社,2012:484.

道，亦可称为“达道”。道行而成，形于外，回到人心，则谓之德。德是行道而有得于己之谓，故可合称“道德”。天赋称性，由性发为行，由行而有得于己谓之德。故可合称“德性”。①可见，三种伦理关系是一体的。季羡林先生也认为：“这三种关系正是最高的伦理道德，其余那些无数的烦琐的道德教条都是从属于这个最高道德标准的。因为这三个关系处理得好，人类才能顺利发展，社会才能阔步前进，个人生活才能快乐幸福。”②

三、“三维一体”的内在结构

秉承前述对于“伦理”和“道德”的认识，中国武术的伦理与道德，也应包含人与人、身与心、天与人之间的三种关系。其中，人与人之间的关系，不仅指个人与个人之间的关系，也包含个人与社会、团体之间的关系；身与心之间的关系，不仅指身体与意识之间的关系，而是总括了身体内外、四肢百骸、意识思想各部分间的所有关系；天与人之间的关系，主要指自然之天和道德之天与人之间的关系，基本不包含宗教中所谓神灵、上帝之类的主宰之天，而其中的自然之天则是对天地间自然万物的统称。在天人关系中还内含着一种物与物之间的关系，如形意拳的“鹰熊合演”，将鹰与熊两个物象关联到了一起，属于物与物之间的关系，但由于是以人为统摄的，故仍旧可以归属于天人关系的范畴内。换言之，所谓武术的伦理与道德，一定需要有人的参与，有人为的有意识的调节作用在内，才可形成。否则，只是纯粹的客观存在的关系，便谈不上武术伦理或道德。比如，在武术刚开始萌生的时候，人们尚未意识到武术中身与心之间的关系，这时便谈不上武术的身心伦理或道德问题，尽管此时身与心之间的关系是客观存在的。可见，贯通人际关系、身心关系、天人关系三大维度，中国武术的伦理与道德形成了“三维一体”的内在结

---

① 钱穆.中华文化十二讲[M].北京：九州出版社，2012：146.

② 季羡林.阅世心语[M].西安：陕西师范大学出版社，2007：30.

构。这种结构，既与梁漱溟先生“是关系，皆是伦理”①的宏阔伦理视野相一致，也深层契合了奥斯卡·王尔德的洞见：“道德，好比艺术，归根结底，不过是你心中的底线”②。显然，一个人的底线，本就是多维的，关涉到人际、身心、天人多方面。

另外，“伦理关系”这个词是现代用语，在中国古代文化中就是“伦理”。③所以方便起见，下文常把“人与人之间的伦理关系”“身与心之间的伦理关系”“天与人之间的伦理关系”分别简称为“人际伦理”“身心伦理”“天人伦理”，是有历史理论依据且合适的。

四、研究的价值、思路与创新

1. 研究价值

贯通学术价值和应用价值两方面，该研究的价值主要可概括如下：第一，深入探讨中国武术伦理与道德的内在结构，突破了之前囿于人际层面的认知传统，从“人际、身心、天人”的三重维度展开剖析，有助于促成武术伦理与道德研究新范式；第二，对中国武术的传统伦理条分缕析，作出新的系统分析和概括，使武术伦理研究取得突破性进展，也为其在当代社会的创造性转化和创新性发展提供历史与理论依据；第三，将新时代武德的构建与社会主义核心价值观相对接，为落细落小落实社会主义核心价值观，推进其具体化发展作出新探索，也助推习武者更好践行社会主义核心价值观；第四，构建突出“中国特色、世界意义、时代特征、专业特性”的新时代武德，弘扬中国武术优秀道德观念，推动中国特色武术道德话语体系发展，推进中华优秀传统文化传承发展工程，重建新时代习武者精神世界，服务中国特色社会主义道德建设；第五，新时代武德的传播，可促使习武者确认伦理品格、形成身份认同，在不断增扩的“心心相通”的习武群体中，提升“道德中国”的品格辐射力和精神向心力，推

① 梁漱溟.中国文化要义[M].上海：上海人民出版社，2005：72.

② 马陶谢克.底线：道德智慧的觉醒[M].高园园，译.重庆：重庆出版社，2012：1.

③ 宋希仁.马克思恩格斯道德哲学研究[M].北京：中国社会科学出版社，2012：478.

进人类命运共同体建设。

2. 研究思路

本书主要包含“导言、上篇、下篇、要论、附录”五部分：导言“中国武术伦理与道德的内在结构”，重在确立研究视野，打牢全篇研究立论根基；上篇“中国武术的传统伦理”含 4 章内容，意在呈现历史实际，更新武术伦理学术体系；下篇“中国武术的新时代道德”含 2 章内容，致力完成时代转化，构建新时代武德话语体系；要论旨在概括导言、上篇、下篇的核心论点；附录含 2 篇，可分别视作上篇和下篇的延展，附录一将上篇研究指向未来，着力阐明武术伦理研究的未来路径，附录二则基于下篇研究成果，具体提出新时代大学生的武德标准。现对“导言、上篇、下篇”的研究思路展开详细介绍：

(1) 导言“中国武术伦理与道德的内在结构”，全新确立“人际、身心、天人”的三维视野

导言在“着眼中国、环顾世界”地说明“研究缘起”后，从“古、今、中、外”的不同维度全面审思“伦理”与“道德”之异同，进而重点阐明何谓“武术伦理”、何谓“武术道德”，根本厘清中国武术伦理与道德“三维一体”的内在结构，全新确立“人际、身心、天人”的三维视野，为上下篇研究奠定理论基础、明晰致思逻辑。

(2) 上篇“中国武术的传统伦理”，形成武术伦理研究新的分析框架、学术体系、话语风格

从“人际、身心、天人”的三维视野出发，第一、二、三章，分别围绕传统武术“人际伦理、身心伦理、天人伦理”的历史形成展开系统研究，深入思考 3 种武术伦理各自的核心观念、形成缘由、历史影响，形成了独具特色的新观点、新概括、新表达，建构起了武术伦理研究新的分析框架、学术体系、话语风格。

3 种武术伦理的核心观念均分别从 5 个方面加以总结，每方面均概括为 12 个字，前 4 个字为集中概括，后 8 个字为具体阐释。比如，传统武术天人伦理的核心观念之一是“天人互融：格物穷理、融摄超越”，前 4 个字是集中概括，后 8 个字则进一步阐释了“天人互融”的途径及目的，是对

“天人互融”的深度阐释与准确表达。

3种武术伦理的形成缘由均分别从4个方面加以提炼，力求以大历史观的视角深度发现政治、经济、文化、社会等宏大背景及武术发展的历史大势，如武学境界不断提升的内在诉求、武术训练养生旨趣的日益强化等与武术伦理之间的内在关联，深层揭示传统武术人际伦理、身心伦理、天人伦理的主要形成缘由。

3种武术伦理的历史影响均分别从5个方面加以归纳，且每种影响均辩证地融正、反两方面审视与描述为一体，使研究更客观、更深入。这对于那些对传统隔膜已久，对传统武术的认识或褒或贬而偏于极端的当代人而言，明显具有提示作用。

第四章“传统武术伦理的根本取向及其实践方法”，综合前三章研究成果，合三为一、深度融通，进一步探讨传统武术伦理形成的根本取向及其实践方法，认为其根本取向是“和谐”，实践方法是“中庸”，并彻底澄清惯常误读，深入阐释“和谐”“中庸”的真正内涵，指出传统武术伦理的和谐之道无止境，但习武者的“和谐”修为却可因其持续修习而不断提升。

整体来看，上篇系统研究了中国武术的传统伦理，为下篇合理构建中国武术的新时代道德提供了历史视野、理论来源、学理积淀。

(3) 下篇“中国武术的新时代道德”，基于社会主义核心价值观构建新时代武德话语体系

构建新时代武德是社会主义核心价值观落细、落小、落实为习武者精神追求和道德自觉的关键路径，是新时代中国武术发展的道德支撑。第五章“基于社会主义核心价值观的新时代武德构建审思”，以社会主义核心价值观为参照，从形成基础、性质、内涵、逻辑、形式五大维度，展开对传统武术伦理道德观念的剖析，进而提炼形成构建新时代武德的新思考，为新时代武德的具体构建定位和定向。

面对世界范围内的伦理道德问题以及国际国内形势的深刻变化，第六章“新时代武德的构建”，从世界视野出发，分析构建新时代武德的必要性、基本原则、理论来源、具体思路，着力贯通“人际、身心、天人”的三

重维度，以“一字”与“二字”的二级递进形式，融技术修习与道德养成为一体，构建突出“中国特色、世界意义、时代特征、专业特性”的新时代武德，形成一种具备典型中国特色的武术道德话语体系。

总之，下篇以社会主义核心价值观为基本遵循，从世界视野出发，构建新时代武德，希望可推动全世界武术习练者以独特而共通的精神世界，形成心心相通的武术共同体，对中华文化倾心向慕、自觉传承，于“人际、身心、天人”的不同层面和悦相应，完成幸福愉悦的人生。

3. 研究创新

(1) 理论创新

① 深入辨析“伦理”与“道德”之异同，根本厘清中国武术伦理与道德“三维一体”的内在结构，全新确立“人际、身心、天人”的研究视野。

② 对传统武术伦理的历史形成作出新的系统分析和概括，尤其完全突破了传统武术身心伦理“身心和谐”、天人伦理“天人合一”的惯常表述。

③ 基于社会主义核心价值观，着力构建突出“中国特色、世界意义、时代特征、专业特性”的新时代武德，形成中国特色武术道德话语体系。

(2) 方法创新

① 运用唯物辩证法、类比分析法，对传统武术伦理的各种历史影响，均辩证地从正反两方面进行审视与描述，力求论点表达更鲜明。

② 基于习近平新时代中国特色社会主义思想，以唯物辩证、系统分析的思路，在文献研究、类比分析中展开深度内省，力求价值判断更准确。

③ 从武术历史实际出发，注重回溯武术伦理发生发展的历史场景，着重以先秦子学和宋明理学等中国传统哲学进行学理关照，力求学理阐释更深入。

(3) 描述创新

① 对于传统武术人际、身心、天人伦理核心观念的描述，采用“前 4 字概括，后 8 字阐释”的独特方式，更加深入地展示了伦理内涵。

② 对于传统武术人际、身心、天人伦理历史影响的描述，采用融正反

两方面于一体的辩证分析样式，更加清晰地反映了历史真实状况。

③ 贯通“人际、身心、天人”的三重维度，以“一字”与“二字”的二级递进形式，融技术修习与道德养成为一体，创新新时代武德的话语表达及描述形式。

上　篇
中国武术的传统伦理

第一章　传统武术人际伦理的历史形成

人际伦理，不仅指个人与个人之间的关系，也包含个人与社会、团体之间的关系。所谓“未曾学艺先学礼”，传统武术对于人际伦理的强调，顺应了传统中国对于伦理道德的推崇，其许多观念甚至融进技术训练，成为习武者处理身心伦理、天人伦理的指导思想。可以说，传统武术人际伦理在其数千年的历史进程中，不仅规范着习武者的行为方式和价值取向，也维护着武术技术的传承路径和传播模式，甚至对整个社会和民族的发展都产生了重要影响。

但是，传统武术人际伦理究竟“是什么、为什么、怎么样”，已有研究尚未形成系统、深入的回答。本章以中国传统伦理思想为依托，着力凝练出传统武术人际伦理的结构框架，以核心观念反映传统武术习练人群的典型人格特征，进而论证这些核心观念何以形成及其正负面历史影响，以深化人们对传统武术人际伦理完整且辩证的理解，为其在新时代的创造性转化、创新性发展提供依据，服务于当下中国的社会主义道德建设。

一、传统武术人际伦理的核心观念

1. 忠孝为首：孝悌忠信、尊师爱国

“忠”与“孝”是封建社会最基本的道德规范和伦理要求。“孝”是一切道德的根本，其作为一种道德规范，起源于殷商的祭祀礼仪，由“尊祖”之义逐渐发展为“孝亲”，到西周就已经被十分注意了①。春秋时期，由于

① 罗国杰.中国伦理思想史[M].北京：中国人民大学出版社，2007：112.

政治经济形势的变化，单纯提倡“孝”已不能满足当时统治阶级的需要，故有“忠”的要求。忠是孝的发展和扩大①，忠孝相通。作为对“孝顺父母”之“孝”的扩展，还有“顺从兄长”之“悌”的要求，且“悌”常与“孝”并称，正所谓“其为人也孝悌，而好犯上者鲜矣。不好犯上，而好作乱者，未之有也”(《论语·学而》)。封建社会对“孝、悌、忠”的强调，内含着稳固血缘结构与强化封建统治的诉求。同时，“信”作为人际伦理的底线，被认为是做人的根本，正所谓“人而无信，不知其可也”(《论语·为政》)，因而也是“孝、悌、忠”的基本保障与内在要求，受到高度重视。

对“忠孝”观念的格外强调，在传统武术人际伦理中表现为“忠孝为首”的信念，如少林“十愿”之第一愿为“一愿学此本领保国安民”(《武术汇宗》)；戳脚翻子门《五不传诫言》之第一诫为“不忠不孝者不传”。忠孝为首必然强调尊师爱国，因为在传统武术流派中，师父与国家正是徒弟们孝、忠的应然对象。同时，大量武术谚语和武德约律也凸显出这一特征，如“爱徒如爱子，尊师如尊父”“相逢不是忠良辈，他有千金也不传”等。徒弟对师父模拟血缘关系的忠孝，通过门派戒律、技术传授等各种影响，在一部分人的意识里，有时甚至比纯粹血缘关系的父子之情还要浓烈，如武术谚语云“天下有不对的父母，没有不对的师父”。从实际情况来看，很多习武者的行为也确实彰显着“忠孝为首”的伦理信念。比如，李存义为保国安民，先以 53 岁之龄手持单刀上阵，奋起抗击外敌，遂有“单刀李”之誉，后又积极创建中华武士会，为强种保国尽心竭力。唐维禄在授徒时强调，“我们的形意拳是李存义传下的，宗旨是要保家卫国，不是招摇生事，勇气和本领要报效国家，对于私人恩怨，摆出一副窝窝囊囊的样子最好了”。②

作为对“孝”的延展，传统武术人际伦理也很注重“悌”的要求，如少林“十二规条”第一条即为“尊师重道，孝悌为先”(《武术汇宗》)。其实，推重“悌”，根本上是在维系长幼秩序，树立师父权威，巩固门派结构。同

① 李春秋，毛蔚兰.传统伦理的价值审视[M].北京：北京师范大学出版社，2003：137.

② 徐皓峰.逝去的武林：一代形意拳大师口述历史[M].李仲轩，口述.海口：南海出版公司，2009：26.

时，传统武术人际伦理认为"人讲信义，拳见正义"，强调"不信者不教，无礼者不教"(《永春白鹤拳·拳谱》)，体现出对于"信"的格外重视。从长时段的历史进程来看，突出"信"，也是减少人际冲突和内耗的有效手段，是习武者生存与发展的内在要求。习武者常比普通人更关注"信"，是因为在习武群体中，冲突往往更易发生，诚信与否的代价往往也更大。

另需指出，传统武术人际伦理也有个别关于"仁"的规定，但直接提及的不多，因为相对内涵宽泛的"仁"而言，"孝、悌"的内涵更为明确，也更易被习武者所理解和遵循，且"孝、悌"是"仁"的根本，正所谓"孝悌也者，其为仁之本欤"(《论语·学而》)。故此，本文对于传统武术人际伦理的提炼，采用"孝、悌"等词汇，而非"仁"字。

2. 重义轻利：任侠厚施、义之所在

"天下之事，惟义利而已"(《二程集·河南程氏遗书》卷十一)，人们对义与利的取舍，往往因时因事因境而异，但总体上看，"先义后利、以义制利是中国传统义利观的基本内容和合理内核"①，集中体现了中国传统伦理道德重义轻利的核心价值取向。义者宜也，即一个事物应有的样子。它是一种绝对的道德律，其核心内涵是"应然"与"适宜"，而非狭隘的"义气"。如果一个人遵行某些道德，是为了不属于道德的其他考虑，即便他所做的客观上符合道德的要求，也仍然是不义。②传统武术人际伦理较之普通人际伦理在义与利之间取舍悬殊的复杂现象，具有更为鲜明的重义轻利的特征，如《短打十戒》强调"强横不义者不传"，体现出对于"义"的重视；武术谚语"武德比山重，名利草芥轻"，体现出对于"利"的轻忽。

区别于普通的人际伦理，传统武术人际伦理由于"武"的特性，自然形成了浓厚的"侠"的气息。所谓"义非侠不立，侠非义不成"，许多门规戒律均体现出以义为导向而任侠厚施的特征，如《少林寺传授门徒规条》的"二愿学此本领，抑强扶弱！四愿学此本领，锄恶除奸！六愿学此本领，仗义疏财！七愿学此本领，见义勇为！"。习武者"侠"的倾向，主要源

① 张岱年，方克立.中国文化概论[M].北京：北京师范大学出版社，2004：217.
② 冯友兰.中国哲学简史[M].赵复三，译.天津：天津社会科学院出版社，2007：69.

于他们以武术为基础，对于公平的渴求、和谐的追寻和正义的向往，而这些正是义之所在、宜之所在。这与墨家“交相利”的功利伦理思想相比，更接近于儒家“何必曰利”的美德伦理观。比如，程真如自述峨眉枪法“苟非其人，千金勿示”[①]，当然也可能包含传非其人恐有后患之类的各种功利考虑，但能毅然决然若此，更多还应源自其内心最深处对于峨眉枪法的无比推崇与敬畏，从而做出他所认为的“应然选择”，即定要得其人而传，这是程真如的义之所在、宜之所在。

传统武术人际伦理的重义轻利凸显出两个基本特征：一是如董仲舒所言“正其谊不谋其利，明其道不计其功”(《汉书・董仲舒传》)，往往为了匡扶正义而不计较个人得失；二是往往只是尽力而为，但求无愧于心，而不过多计较是否能成功。一些习武者重义轻利的品格已上升到为国为民舍生取义之大义的精神高度，是对孟子所谓“生亦我所欲也，义亦我所欲也，二者不可得兼，舍生而取义者也”(《孟子・告子》)之大义追求的生动诠释。

3. 群先己后：群己交融、以群为重

与西方文明作比较，中华文明的价值观具有突出的“群体高于个人”的特点。中国传统文化自西周后期兴起人文主义思潮，春秋时期已明确提出以人为本的观念，但不像西方更多主张以个人为本，而强调以群体为本[②]，推崇个人与群体的交融，倡导群先己后、以群为重的观点，认为“人之生，不能无群”(《荀子・富国篇第十》)，人必在人群中成一人，必在与其他人配搭下始成为一人[③]，人是具有群体生存需要、有伦理道德的互动个体，每一个体的命运都与群体息息相关。[④]这种群体优先的责任意识，是中国传统文化的核心特质之一，也是传统武术的一种重要价值取向。习武者较之普通人，由于强烈的门派观念、群体强于个人的技击事实，以及“打得宽不如交得宽”的处世规律，更加要求“群先己后”。习武者甚至用武德约律来约束同门以保障观念的实现。诸多武德约律所强

① 吴殳.手臂录[M].太原：山西科学技术出版社，2006：2.

② 陈来.中华文明的核心价值：国学流变与传统价值观[M].北京：生活・读书・新知三联书店，2015：51—54.

③ 钱穆.灵魂与心[M].北京：九州出版社，2011：172.

④ 陈德峰.群体本位文化传统的现代价值评估[J].江汉论坛，2002(6)：15—18.

调的“和睦同门”“报效国家”等规定，实质上传达的正是“群己交融、以群为重”的伦理观念。

“群先己后”首先表现为习武者对门派的推崇。比如，民国时期，尚云祥被称为形意门的门神，为形意门守了一辈子荣誉，只要事关形意门名声，哪怕来请他帮助的同门与他关系不睦①，为了维护自己的荣誉，更为了维护形意门的群体声誉，他仍会不顾艰难凶险，毅然决然地挺身而出，凸显出“群己交融、以群为重”的意识与情怀。同时，基于中国人对《礼记》提出的“以天下为一家”的扩大化“家”概念的高度认同，习武者以门派类比家，以同门关系类比家庭关系，在“视师如父，视同门如兄弟”的类比思维中，也将“门派”的概念扩大化。于是，国家、民族作为比门派更大的习武者所置身其中的群体，“群先己后”便突出表现为习武者为国为民的国家意识和民族观念。例如，形意拳向来艺不轻传，但在民国时期那个民族存亡之际，李存义、尚云祥等一大批形意拳家不但没有将形意拳秘而不宣，反而主动提炼形意刀术精华，在军队中积极传播，为民族独立做出应有贡献。少林寺客堂对联亦曰：“身在佛门思报国，心中无我却救人。”②可见，哪怕具有强烈出世倾向的佛门习武者，仍以群为重，着意报国救民。他们在佛家“无我”思想的影响下，甚至超越了“群己交融”的层面，进入无我之境，纯粹以群为重。

4. 男女有别：重男轻女、拳传己家

中国传统社会作为一种封建的血缘宗法社会，是以男权为中心的社会，上至皇帝，下至大小官吏以及宗族组织中的族长、家长几乎均由男性担任。自汉代始，“三纲”之说建立，男女社会地位愈发不平等。发展至南宋，进一步出现了妻对夫应绝对服从的思想。肇始于元代，进入明清时期，“理学成为统治阶级的正统思想，封建伦理纲常对国民，尤其对于妇女的禁锢达到登峰造极的程度”③。女性成为低于男性的第二性别，被

① 徐皓峰，徐骏峰.武人琴音[M].韩瑜，口述.北京：人民文学出版社，2014：42—43.

② 栗胜夫.少林拳珍诀秘要[M].北京：人民体育出版社，2007：228.

③ 闵家胤.阳刚与阴柔的变奏：两性关系与社会模式[M].北京：中国社会科学出版社，1995：256.

规训入某些特定社会分工和职业活动①，如司马光早在宋代就著有《涑水家仪》，规定“男治外事，女治内事。男子昼无故，不处私室；妇人无故，不窥中门”。②重男轻女思想，伴随历史的不断发展，在古代社会越来越成为一种普遍观念。

武术在古代的发展也受重男轻女观念影响，在传承对象的选择上以男性为重点。这是因为在男尊女卑、以家族为重的传统观念中，女儿因终将出嫁而被视作“外人”。如果将武术这一安身立命之技传给她们，则等于是主动传给了外姓人。这必然会给自己家族埋下“隐患”，或者至少是一种心理上的危机。所以，许多拳种都有“传男不传女”“传媳不传女”“外姓人不传”等规定。比如，福安市金斗洋畲家拳长期以来传承的古训是“传内不传外，传男不传女”③；连城拳的祖训是“拳不妄传”“传子不传女”，而且只传给长房长孙④。其实，“传男不传女”“传媳不传女”的本质，就是“传内不传外”，折射出拳技所有者以家族为本位的产权意识，将拳技视为自家专利。

传统武术人际伦理之所以重男轻女，还因为女性体质天生柔弱，不容易在武术上有所成就。限于生理因素，在同样的训练条件下，女性的技击能力一般会明显弱于男性。而且，在相当长的封建社会时期内，女性普遍被要求缠足，这更加不利于武术训练。也即，倘若以女性为主要传承人，武术训练在以技击为主要价值取向的古代社会一般较为低效，较难培养出冠绝一时的拳种代表性人物，也就不利于拳种威望的树立。所以，很多拳种不仅规定“传男不传女”，还明确“骨柔质钝者不传”“根底不好者不传”。

鸦片战争后，在西方文化的强烈冲击下，中国文化从传统快速向现

---

① 杨亮斌，郭玉成，郭发明.论传统武术中的女性意象[J].成都体育学院学报，2015，41(5)：88—93.

② 闵家胤.阳刚与阴柔的变奏：两性关系与社会模式[M].北京：中国社会科学出版社，1995：259.

③ 夏旭峰.福安市金斗洋村畲家拳的传承研究[D].福州：福建师范大学，2014：15.

④ 李志军，张赐东.客家武术“连城拳”的发展分析[J].湖南科技学院学报，2014，35(6)：91—94.

代转型。其中,重男轻女思想受到强烈批判。习武者的重男轻女思想有所改观,如中央国术馆不但招收女生,还于1933年举行的第二届国术考试中增加女子对抗比试。但中国广大的农村毕竟是一个结构极其稳定、以男女有别为突出特征的乡土社会,致使重男轻女思想根深蒂固,极难移易。即使在现代化程度日益加深的当代,此观念在一些传统武术传承者中也仍旧存在。

5. **和而不同:经权有道、以和为贵**

中国文化的人格模式不少,其中衍生最广、重叠最多、渗透最密的,莫过于"君子"。这也可以说是一个庞大民族在自身早期文化整合中的最大公约数。①与君子相对的是小人,"君子和而不同,小人同而不和"(《论语·子路》)。中国文化推崇君子人格,提倡和而不同,是因为"和实生物,同则不继"(《国语·郑语》)。习武者认识到"和谐"是自身生存的诉求,以和而不同为指导思想,在人际伦理中经权有道、以和为贵,使传统武术人际伦理由"武"变为追求"不武",由"战"升华为向往"不战",如《少林寺传授门徒规条》规定"要克己和众,助人成美!"为了实现和谐,习武者还总结了很多行之有效的方法,如"三分保平安"的"求和"之法,即"带三分笑,让三分理,留三分话,藏三分技,交手让三分……"②

"以和为贵"绝非"尚同"。比如,各拳派技术风格不尽相同甚至差异较大,不同拳派习练者之间常相互称赞,甚至互有学习,以求融摄他家技术之长,但却绝不会弱化自家技术风格。同样地,"带三分笑,让三分理"也并不代表完全认同对方理念。这是因为以和为贵是以和而不同为前提的,而"和而不同"的理念正是促成不同拳种流派风格有别的重要原因之一。习武者崇尚以和为贵,推重和而不同,是有原则也有变通的,即"经权有道"。经,指一般性原则;权,指变通性。"经"与"权"的关系是原则性与灵活性如何统一的问题。宏观来看,"不同"可被视为传统武术人际伦理的一般性原则,即"经";而如何在"不同"的现实情境中实现"和谐",便需学会变通,即"权"。

---

① 余秋雨.君子之道[M].北京:北京联合出版公司,2014:9.

② 张大为.武林丛谈[M].北京:当代中国出版社,2013:61—62.

习武者“权”的方法主要如下。首先，注重谦逊涵养，如孙禄堂尽管曾被公认为“天下第一手”，但如有人问起他的一些师友武功如何，他总称赞他们比自己高明，时人评曰：“孙艺虽精绝，然遇同道罔不谦逊，如无所能者”。①一些武德约律就此也有明确要求，如苌家拳《初学条目》强调：“学拳宜以德行为先，凡事恭敬谦逊，不与人争，方是正人君子。学拳宜以涵养为本，举动间要心平气和，善气迎人，方免灾殃。”这是因为大家普遍认为“天大的惊人功夫，值不得一句自称”。其次，尽力避免冲突，尤其禁忌好勇斗狠，如《短打十戒》要求：“无故不可对手，好胜莫与交锋，即逼迫难已，宁拜下风”；少林宗法第一时期戒约规定更为严苛：“宜深体佛门悲悯之怀，纵于技术精娴，只可备以自卫，切忌逞血气之私，有好勇斗狠之举。犯者与违反清规同罪”（《少林拳术秘诀》）。再次，比武较技在所难免时，须点到为止，如《短打十戒》指出：“横逆相加只可理说排解，勿妄动手脚。即万不得已，亦须打有轻重、宜安六窍，免致伤人。”可见，习武用技与寻求和谐并不冲突，“即使绝对的和平主义者，也有必要学习武术”②，如此才能将打与不打、战与不战的选择操之在我，并在“打”中做到打有轻重、点到为止，以实现和谐。习武者与普通人“求和”的方法之别，尤其不得已时“以打求和”的策略选择，体现出习武者基于技击实践，对“和而不同”的深入体认。这种体认是对于用技者道德、心理、谋略、技艺的综合考量，普通人很难切身感受。

二、传统武术人际伦理的形成缘由

1. 特殊的地理环境、经济基础和宗法制度，奠定了传统武术人际伦理的基调

地理环境是人类赖以生存和发展的物质基础，当然也是人类意识或精神的基础。③地理环境包含自然和人文两方面，前者如地形、地貌、气

① 童旭东.孙氏武学研究[M].北京：中国书籍出版社，2008：5.

② Allan B., Daeshik K. Pacifism and the Eastern Martial Arts[J]. Philosophy East and West, 1982, 32(2):177—186.

③ 张岱年，方克立.中国文化概论[M].北京：北京师范大学出版社，2004：13—20.

候、植被等，后者如农业、交通、人口、疆域等。这些因素在古代生产力不发达的情况下，对传统武术人际伦理的形成具有潜移默化的影响，但影响效果不尽相同，作用大小也有所区别。宏观来看，中国疆域辽阔，地理位置优越，气候温和宜人，致使生于斯长于斯的中国人有一种与生俱来的优越感与平和性，加之农业生产的稳定性和交通条件的欠发达，共同孕育了中国人安土重迁、尊天敬祖、内向封闭、安静温顺、崇尚和谐等心理意识和文化习惯。这些心理意识和文化习惯与武术的特性相结合，进一步形成了“忠孝为首、重义轻利、群先己后、男女有别、和而不同”等观念。比如，“安土重迁”的文化习惯经过习武者的酝酿，逐渐生成了“群己交融、以群为重”的伦理选择；“尊天敬祖”的精神取向经过习武者的涵泳，自然形成了“尊师敬师、孝道为先”的伦理规范；“内向封闭”的心理意识经过习武者的阐发，逐步孕育出“男女有别、拳传己家”的伦理要求。

得益于特殊的地理环境，中国古代经济形态主要是一种以家庭为基本生产单位，以自给自足为主要特征的小农经济。小农经济在中国古代社会发展、朝代更迭中长期延续，内在生发出男女有别、崇尚道义、崇古敬祖、以群为重、以和为贵等伦理要求。比如，土地作为小农经济中最基本和最重要的生产资料，于父子间代代相传，“而妻子是从外姓嫁过来的，依附于夫家的土地生存，所以就有了‘三从’的要求”①，这是一种男女有别的伦理规范。同时，在这种以土地为依靠的自给自足式生活中，人与人之间“除了物与物的交换外，更多地需要精神方面的情谊和道义上的支持，由此养成了中国人崇尚道义、邻里互助、扶贫济困的美德”②。小农经济的长期绵延、源远流长，还生发出崇古守旧的文化心理，进而形成崇古敬祖的伦理要求。小农经济虽以农业为主，却还包含手工业、商业等多方面，士、农、工、商之间不时变换，孕育了中国人宽厚包容、以群为重、以和为贵的伦理品质。显然，所有这些以小农经济为主体的经济生产形态催生出的伦理规范，作为武术人生存、发展的背景和基础，对传统武术师徒、男女、群己、义利等方面人际伦理的形成均产生了重要影响，

---

① 崔宜明，朱承.中国伦理十二讲[M].重庆：重庆出版社，2008：37.

② 李春秋，毛蔚兰.传统伦理的价值审视[M].北京：北京师范大学出版社，2003：6.

甚至可谓一脉相承。

经济基础决定上层建筑。小农经济的数千年绵延挺立，支撑着宗法制度在中国历史上的确立与延续。萌生于商代后期、确立于西周初期的宗法制度，是一套以血缘关系的远近亲疏来区分高低贵贱的法规准则①，本质就是家族制度的政治化②，促成了“家国同构”的中国古代政治格局。国家结构以家族结构为单位，在权力配置和组织系统上都是一种父家长制。由此，“孝”便成为最核心的伦理要求，以孝侍亲、律人、励人、树人、齐家、选官、管官、治国。“孝”甚至有一种无所不包的性质，如《大戴礼记·曾子本孝》把居处不庄、事君不忠、莅官不敬、朋友不信、战阵无勇，统统视为“非孝”③。所谓“君子之侍亲孝，故忠可移于君”（《孝经·广扬名》），体现的也是一种“忠孝同质”“求忠臣于孝子之门”的思想。这样一种社会，在性质上近于梁漱溟所说的“伦理本位的社会”，其特点是在伦理关系中有差等、有秩序，同时又有情义、有情分。因此，在这种关系的社会中，主导的原则不是法律而是情义，重义务而不重权利。④孝、悌、慈、爱、和、敬、忠、信等宗法伦理构成了一种整合社会的适宜方式，它以基于同胞骨肉式情感的理解与沟通来维系人际群际关系和化解其间的冲突。⑤传统武术建构起的以师父、师爷为中心，以师兄弟、师姐妹、师叔伯等关系为支撑的诸多门、派、家等武术组织，正是对血缘关系和宗法制度的模拟。习武者之间的脉脉温情和等级秩序，所反映的也正是主流社会的宗法伦理精神。比如，传统武术忠孝为首、男女有别的伦理要求，吻合了宗法制度君为臣纲、父为子纲、夫为妻纲的“三纲”伦理；传统武术重义轻利、群先己后、以和为贵的伦理规范，也符合宗法制度下宗法集体对其内部成员的伦理期待。

总之，在特殊的地理环境、经济基础和宗法制度下形成的传统社会

---

① 金元浦.中国文化概论[M].北京：中国人民大学出版社，2012：33.

② 张岱年，方克立.中国文化概论[M].北京：北京师范大学出版社，2004：46.

③ 刘东.中华文明读本[M].南京：译林出版社，2009：62.

④ 陈来.中华文明的核心价值：国学流变与传统价值观[M].北京：生活·读书·新知三联书店，2015：37—38.

⑤ 刘东.中华文明读本[M].南京：译林出版社，2009：62.

以“孝”为核心的伦理框架，为传统武术以“孝”为中心确定尊卑上下、亲疏长幼的人际伦理秩序，奠定了基调。当然，从历史的长时段来看，伴随宗法制度的逐步完善及其控制力的愈发强大，宗法制度较之经济基础、地理环境对传统武术人际伦理的影响，无疑是越来越重要的。

2. 各历史时期的相关学术思潮，强化了传统武术人际伦理的价值取向与判断

传统武术深深植根于中华民族的历史中，本就是中国传统文化和哲学的一部分，因而必然受到各历史时期相关学术思潮的影响。①比如，先秦儒学对传统武术人际伦理的价值取向与判断曾产生重要影响。具体以孔子的伦理思想为例，他重视“勇”，将“勇”提升到“三达德”的高度，同时指出“仁者必有勇，勇者不必有仁”(《论语・宪问》)，“勇而无礼则乱”《论语・泰伯》，“君子义以为上，君子有勇而无义为乱，小人有勇而无义为盗”(《论语・阳货》)，“及其壮也，血气方刚，戒之在斗”(《论语・季氏》)。可见，勇必须以仁、礼、义等为条件。这种思想不仅对其擅长武技、以勇闻名的学生子路、冉求、有若等人产生重要影响，为他们树立了正确的伦理观，也强化了后世习武者“武不善作、以和为贵”的伦理思想。对于那些脱离了正统社会秩序而“处江湖之远”的武术游民而言，孔子的伦理思想尤其重要，因为它“极大地增强了人们的社会道德意识，让人们清晰地看到了社会道德应有的基本标准，提升了人们的道德要求水平”②，让无所规范的江湖之人也崇尚道德，主动构建起适合他们自身的行为规范和伦理准则。

再如，宋明理学作为儒学的新发展，自元代起成为官方统治思想，“存天理、灭人欲”是其总纲。二程特别强调天理、人欲的势不两立，倡导天理人欲之辨，要求人们战胜自己欲望的冲动和外物的诱惑，以服从封建的政治制度和伦理③，他说“不是天理，便是私欲，人虽有意于为善，亦

① 李守培，郭玉成.中国传统武术身心伦理的文化形成[J].体育科学，2017，37(4)：39—47.

② 王京龙.战国百家争鸣与中华传统体育精神构架[M].北京：人民出版社，2012：103.

③ 罗国杰.中国伦理思想史[M].北京：中国人民大学出版社，2007：510.

是非礼。无人欲即皆天理”(《河南程氏遗书》卷十五)。朱熹同样认为,“天理人欲,不容并立”(《孟子集注·滕文公章句上》),“人之一心,天理存,则人欲亡;人欲胜,则天理灭。未有天理人欲夹杂者”(《朱子语类》卷十三)。“理欲之辨”进一步延伸为“义利之辨”。宋明理学家认为社会的一切关系都可以“义”“利”概括,“天下事,惟义利而已”(《河南程氏遗书》卷十一),为义“便是向圣之域”,为利“便是趋愚不肖之徒”(《朱子全书》卷五十七),“君子之学终身只是集义一事”(《传习录·中》),而具体事物之名分、规矩、应当即是义。

宋明理学改变了文化的主流和基调,并构建和确立了以后几百年间中国知识、思想与信仰世界的主要风景①,也从总体上大大强化了传统武术人际伦理对于“义”的推重。师徒传承作为传统武术最重要的传承方式,极为强调“义”,如《短打十戒》规定“强横不义者不传”,《昆吾剑箴言》要求“如认人不真,宁失人不失剑”,对于“规矩”“应当”之“义”的突出,是如此显明。一些拳种对于“义”的教化,已不仅限于武德戒约中,还进一步深入武术技术的层面,作为拳理要义时时刻刻规范着习武者的行为与思想。比如,“见利思义”和“舍己从人”是太极推手和太极拳习练的重要原则,而所谓“舍己从人”其实也是从“义”的角度来考虑,是为求胜而不得不采取的“应当”之举。所以,套用宋明理学家的话语习惯,我们可以说:“见利思义”和“舍己从人”,其实都只是为了一个“义”;练拳用技“只在此心去人欲、存天理上用功便是”《传习录·上》)。这种基于身体规训的切身教化,凸显了传统武术人际伦理的实践特色,非普通人际伦理的空洞道德说教可比。

事实上,我们说各历史时期的相关学术思潮,强化了传统武术人际伦理的价值取向与判断,又何尝不是传统武术人际伦理的特殊实践路径深化并发展了相关学术思潮呢?传统武术的人际伦理,已不仅是道德说教式的规训,还是关乎习武用技者生死存亡的实践要义。

---

① 葛兆光.中国思想史(第二卷)[M].上海:复旦大学出版社,2013:224.

3. 统治者伦理教化的刻意渗透，使传统武术成为教化习练者人际伦理的工具

习武者因战斗力超于常人，常被统治者视为社会秩序的潜在挑战。统治者希望通过伦理教化，将传统武术异化为教化习武者人际伦理的工具，使官方伦理思想“内化进习武者的价值及信仰体系”①，成为道德自觉。这种刻意渗透尽管方式多样、手段迭出，但整体上不外乎“教”与“化”两大方面。

“教”的方面是最基本的。在整个中国古代教育中，伦理教育始终最为重要，如孟子言“学则三代共之，皆所以明人伦也。人伦明于上，小民亲于下”（《孟子·滕文公上》）。古谚云“三岁看大，七岁看老”，一个人小时候的表现，往往与其成人后的人生观、价值观紧密关联。因此，历代统治者十分重视蒙童教育，希望在人们的婴幼儿期便种下忠、孝、义等的思想种子，为其成人后服务于阶级统治打下坚实基础。中国古代的重要蒙学读物均包含大量伦理教化内容，如《弟子规·总序》的内容为：“弟子规，圣人训，首孝悌，次谨信。泛爱众，而亲仁，有余力，则学文。”在接受蒙童教育的孩子中，有一大批日后会成为武术传承人和传播者，蒙童教育对他们的伦理认识会产生重要影响。而那些日后有机会熟读四书五经的习武者，受官方伦理思想影响将更深。更何况，中国历史上也并非一直都文武分途。比如，朱元璋在位时，学校教育与科举考试包含了文与武两方面内容，因“武臣子弟，但习武事，鲜知学问，命大都督府选入国学，嗣后，勋臣子弟多入监读书”。②这种直接的文化教育包含大量伦理内容，对习武者的伦理观产生了重要影响。

“化”的方面无孔不入。首先，整个封建政治本身即具有浓重的道德色彩，使习武者潜移默化地被官方伦理思想所塑造。比如，国家事务的操作过程着意于礼仪，以体现尊卑等级，维护国家体制，以及示教、化育

① Melissa P., Don H. Teaching Responsibility in Physical Education: Standards, Outcomes, and Beyond[J]. Journal of Physical Education, Recreation and Dance, 2001, 72(9):25—27.

② 国家体委武术研究院.中国武术史[M].北京：人民体育出版社，1996:238.

天下百姓；在人事安排上则标榜“以德取士”，从两汉的察举孝廉，中经魏晋的“九品中正”，直至发轫于隋唐完善于宋代的科举制度，都把“德行”放在首位。①以清代武举为例，考试分为外场和内场，内场试策论，试题多出自《论语》《孟子》《孙子兵法》等书，其中包含了丰富的伦理教化内容，如“将者，智、信、仁、勇、严也”（《孙子兵法·始计篇》）。

其次，乡约、家训、族规、格言、先贤语录和官方公布的上谕等，几乎覆盖了全部生活内容，向人们全方位渗透官方伦理思想。如明太祖朱元璋颁布的《六谕》，要求“孝顺父母，恭敬长上，和睦乡里，教训子弟，各安生理，无作非为”。清代顺治皇帝重新颁布明太祖的《六谕》，康熙皇帝则把乡约增为《十六条圣谕》，雍正皇帝又颁布了长达一万字的《圣谕广训》。无论多少训条，其基本原则就是教导平民百姓做到忠孝②，以维系社会稳定。习武者作为社会成员，分属于不同的族群、乡里，必然会受到相应的族规、乡约等内容的教化。哪怕是那些已经游离于族群之外的江湖习武者，在其脱离正统社会秩序前也难免受到族规、乡约、家训等的伦理教化。因为“如果一个社会成员不按这些规矩行事，就会受到社会的干涉、制裁，甚至被剥夺掉在这个社会里继续生存下去的机会，真是生死所系”。③

再次，戏曲、评书、小说等文艺内容是统治者对习武者进行伦理教化的重要手段。古代社会中的戏曲、评书、小说等文艺领域充满了道德说教的内容，尤其有关武将、侠客、义士等的戏曲、评书，或者《三侠五义》《施公案》等侠义小说，对于忠、孝、节、义、仁、礼、智的宣扬比比皆是。习武者们在听书、看戏、读小说的过程中，往往被说书人、唱戏者的生动演绎和小说作者的生花妙笔所宣扬的大忠大孝、侠肝义胆深深折服，从而以其中的英雄人物为思想标杆和行事模范，自觉或不自觉地被纳入统治秩序。对于那些不通文字的习武者，这种教化方式产生的影响可能更为显著。

最后，旌表制度通过树立匾额、碑石、牌坊等物化标志以表彰忠臣、

---

① 刘东.中华文明读本[M].南京：译林出版社，2009：81.

② 王学泰.游民文化与中国社会[M].北京：同心出版社，2007：57.

③ 费孝通.乡土中国[M].北京：北京大学出版社，2012：158—159.

孝子、侠义之士等，对习武者起到教化作用。比如，戚继光忠心爱国，战功显赫，朝廷为褒扬其功绩而建戚家祠堂，赐额“表功”，卒谥武毅，对宣扬忠孝爱国思想有重要作用。而若民间习武者受到旌表，则教化意义可能更为显著，如唐吏部尚书裴漼著文并手书《少林寺碑》，详记少林寺僧助唐立功、寺以武显的史实①，对后世少林寺僧积极保家卫国，并一度出现所谓“僧兵”，应有重要影响。与旌表制度类似，“是使神与有德之人结合，使人神化，又使神道德化，以此来感化民众。如宣扬忠、义的岳王庙与关帝庙就是这方面的突出表现”。②这种方式对习武者的影响广泛而深远，以至他们崇奉岳飞、关公，将其精神作为自我行为方式的重要指导，甚至将其追认为拳种创立者，或直接以其姓名命名拳种，在代代膜拜中自觉吸收其伦理精神。

总之，在“教”与“化”的双重作用下，传统武术确实在一定意义上成了教化习练者人际伦理的工具。与正式学文前的蒙童教育注重伦理相呼应，武术教育自古即要求“未曾学艺先学礼，未曾习武先明德”；与中国古代教育时刻关注伦理教化相比照，武术教育始终看重道德提升，明确指出“武以观德”“无德无拳”，在日常交往中引导弟子们孝悌忠信、和睦同门、重义轻利，甚至“用道德观念规范武术技法，使道德观念融入武技之中”③，或以“八打八不打”的用武之德展示仁爱之心，或以擒拿点穴的技术选择倡导贵和精神，这些处处都展现着统治者伦理教化的渗透之功。

4. 传统武术习练者群体生存与发展的需要，稳固了其人际伦理的形成与绵延

肇始于春秋时期的文武分途，总体上开启了中国重文轻武的历史传统。在此之后，习武者的社会地位整体上相对较低，武术曾被蔑称为“把式”，习武者曾被蔑称为“练把式的”。“三教九流”是传统中国对人的地位和职业的一种等级划分。武术作为一种江湖行当，在各种版本的“三

---

① 国家体委武术研究院.中国武术史[M].北京：人民体育出版社，1996：147.

② 刘东.中华文明读本[M].南京：译林出版社，2009：81—82.

③ 康戈武.中国武术实用大全[M].北京：今日中国出版社，1995：700.

教九流”表述中均处于中下层。习武者为更多受到主流社会尊重，更好生存与发展，便不得不主动遵循主流社会的伦理规范，如忠、孝、信、悌等。这些伦理规范经过武术化改造，就形成了传统武术人际伦理的核心观念。

纵观历史，各朝代为加强统治，常将习武者视作潜在的暴民，对民间习武活动较少持鼓励态度，甚至明令禁止。如元朝《元史》载："诸弃本逐末，习用角抵之戏，学攻刺之者，师弟子并杖七十七。"①同时，习武者是转型为游侠的重要群体。游侠在士、农、工、商之外，脱离了主流社会秩序，是“国家社会团体秩序的叛逆者，强调个体意志及其行为之自由”②，在传统社会中极少受到主流舆论支持。如司马迁在《游侠列传》中讴歌游侠后不久，班固在修《汉书》时就批评他这样做是“退处士而进奸雄”。后世文人也有讲得更不客气的，如王若虚《滹南遗老集·史记辨惑》就称司马迁为游侠作传“几于无谓矣”。视游侠为大奸，在东汉时已是舆论的主流。③东汉以后游侠极少进入正统史家视野。④在此背景下，习武者只有努力践行孝悌忠信、尊师爱国等符合统治阶级利益的伦理准则，使传统武术人际伦理的核心观念与传统社会主流价值取向相吻合，才能最大限度获得统治者的宽容与默许，争得更多生存发展和社会活动的空间。

从传统武术习练群体的内部来看，包含着无数个由不同习练群体构成的以各自“师父”“师爷”为中心的门派，这些门派间客观存在着各种竞争关系。在地盘意识、门户观念和社会地位等因素影响下，不同门派弟子大多极力维护本门派的江湖声誉和技术秘密，在本门派内和不同门派间适时遵循着孝悌忠信、重义轻利、群先己后、男女有别、和而不同等伦理规范，努力提升自己所在门派的社会地位。当本门社会地位有所提高时，他们作为门下弟子便与有荣焉。这是因为习武者提升了所在门派的社会地位，也就提升了自己的社会地位。为门派而努力践行伦理要求，

① 邱丕相.中国武术史[M].北京：高等教育出版社，2008：90.
② 龚鹏程.侠的精神文化史论[M].济南：山东画报出版社，2008：110.
③ 王学泰.游民文化与中国社会[M].北京：同心出版社，2007：98.
④ 陈平原.千古文人侠客梦(增订本)[M].北京：北京大学出版社，2010：5.

也就是在为自己的安全和前途而奋斗。正如社会学家弥尔顿·戈登所言,“拼命守护自身荣誉和族群幸福的人也是在保护他自己”。[①]他们的这一行为表现和努力过程,也是一种道德资本和人脉资源的积累过程,可以使他们更好融入门派生活,完成武术人生。比如,一个人孝悌忠信、以和为贵,在门派中便会受到师父的器重和同门的欢迎,而悖逆自大、狂妄好斗则很难立足,甚至容易受到其他习武者的挑战,进而有生命危险。这种较之普通人更为严峻的生存与发展的需要,更加稳固了传统武术人际伦理的形成与绵延。

传统武术的很多约律、训诫进一步印证了上述论断,如《拳经拳法备要》强调“贤良秘授于危困,邪妄休传害众生。大道等闲若轻授,须防九族尽遭刑”[②];陈式太极拳指出“学太极拳不可狂,狂则生事……学太极拳不可凌厉欺压人。一凌厉欺压,即犯众恶,罪之魁也”。[③]其间,清晰反映出各拳种对重义轻利、和而不同等传统武术人际伦理核心观念的重视,以及对社会主流价值观的主动趋附与遵循,甚至是敬畏与服膺。武术名家王芗斋道出其中缘由:“拳学一道,首重德性。武学是‘性命相搏’‘共争生死’的学问,不讲‘德性’,必然离经叛道,祸患无穷。”[④]

三、传统武术人际伦理的历史影响

1. 维护了民族稳定和社会正义,也培植了愚忠愚孝、公私不分的土壤

传统武术人际伦理以忠孝为首,重义轻利、群先己后,为维护民族稳定和社会正义发挥了很大作用。比如,英法联军侵入北京时,不少士兵和地痞流氓试图冲入商业区,会友镖局总镖师宋迈伦亲率众弟子日夜守卫,确保了整个商业区的安全。[⑤]太极名家李瑞东带领徒众致力于保境安

---

① 马陶谢克.底线:道德智慧的觉醒[M].高园园,译.重庆:重庆出版社,2012:107.

② 张孔昭.拳经拳法备要[M].太原:山西科学技术出版社,2006:72.

③ 陈鑫.陈氏太极拳图说[M].太原:山西科技出版社,2006:1—2.

④ 王芗斋.“意”无止境[M].海口:海南出版社,2014:4.

⑤ 张力,龚建新.京城武林往事[M].青岛:青岛出版社,2013:185.

民。当时，武清县境有土匪数百人，劫掠乡民，危害一方，官兵屡剿不成。李瑞东率弟子数十人直捣匪巢，擒获匪首，惊散余匪，恢复了治安，受到官民一致感激。①八国联军入侵时，刚过20岁的陈子正挺身抗敌，率领乡众散于屋顶，用砖石瓦块飞击入侵李林庄的洋兵，抵抗数小时，全村得以平安。通背拳名家王侠林，作为一名女性，抗战时期路遇一伙日本兵和汉奸又骂又打中国人，她一顿拳脚，将他们打翻在地。②可见，习武者不仅铮铮男儿勇于维护民族稳定和社会正义，巾帼也不让须眉。他们或孤身犯险，或带领民众，于关键时刻挺身而出，振奋了民族精神，激励着无数中国人为了国家尊严、民族稳定、社会正义而不畏艰险、前赴后继，是后人学习的楷模，具有深远的榜样意义。

在封建统治者的刻意渗透及其他因素的共同作用下，传统武术人际伦理也培植了愚忠愚孝、公私不分的土壤。“忠孝”观念的极致是对父家长和君主的绝对服从甚至盲从，它强调父权和君权的无上权威，实质是维护宗法制度和君主专制。它的过度贯彻，造就了一些中国人的人身依附观念、奴性心理和盲从意识，严重阻滞人性和人格的健康发展。比如，不忘收复江山，勇于与外族入侵者斗争是好的，但尽管明末腐败、民不聊生，却仍要如少林宗法第二时期戒约所规定的“每日晨兴，必须至明祖前行礼叩祷，而后练习技术。至晚归寝时亦如之，不得间断”③，则不免有愚忠之嫌。再如，尊敬师父理所应当，但若像民国时期形意拳家丁志涛那样，不论实际情况如何，“有人对其师不敬，他就可以拼命”④，则不免有愚孝之嫌。这种徒弟对师父绝对维护和服从的行为，折射出的是“师为徒纲”的非正常心态，不仅扭曲了部分习武者的心理，也不利于武术技术的传承和发展。

愚忠愚孝容易造成公私不分。重义轻利若对“义”的把握不当，同样如此。比如，打着维护社会正义的幌子，历史上的“侠士”群体往往公私不分，以一己之见率性而为，无视法律约束，“主张他所认为的正义。任

---

① 张大为.武林掌故[M].北京：当代中国出版社，2013：33.

② 张大为.武林掌故[M].北京：当代中国出版社，2013：142，180.

③ 尊我斋主人.少林拳术秘诀[M].太原：山西科学技术出版社，2009：103.

④ 徐皓峰.逝去的武林：一代形意拳大师口述历史[M].李仲轩，口述.海口：南海出版公司，2009：32.

何不合他是非标准的人和事，都在他‘行侠仗义’的范围之内”①，严重影响了社会秩序，留给世人“侠以武犯禁”的印象，不利于“为国为民，急公好义”的真正侠义精神的传播。

2. 促进了社会温情和人际和谐，也助推了门户之见、江湖义气的滋生

家族中非常突出的是人与人之间的亲情。家族成员大都向往以亲情为基础，在互帮互助、互迁互就中实现族群和谐，努力打造和睦、友爱、团结的人际关系。传统武术模拟家族血缘关系而形成的孝悌忠信、重义轻利、群先己后、以和为贵等人际伦理，“增进了人们发自心底的关心和爱的因素”②，具有促进社会温情和人际和谐的作用。为保障这些伦理愿景的充分实现，各拳派大都会形成一些规定或戒约，如少林宗法第二时期戒约第四戒规定：“凡属少林宗派，宜至诚亲爱，如兄弟手足之互相救助，互相砥砺。违此者，即以反教论罚之”③；河北八极拳门明确要求：“同门之人以和睦为贵，不可称自己之刚强，灭他人之志气，尤不可因比试之胜负遂引类呼朋，以致同室操戈。”④

从现实情况来看，也明显体现出武术伦理所期待的效果。比如，旧时遇到天灾人祸，特别是饥荒时，梅花拳弟子就“走梅花道”，天南地北四处周游，每到一个地方只要对上“门内行话”，即“盘道”成功，就会受到当地梅花拳弟子的热情款待，有的甚至“盘道”一年都有吃有住。⑤另外，还有很多做徒弟的，将师父接到自己家中供养，短则三五个月，长则三年五年，甚至一二十年。这在传统武术界较为常见。这种社会温情不仅限于同门之间，还扩展到了整个武术界或旧时所谓的“武林”甚至“江湖”，正如谚语所谓“行遍天下路，把式是一家”，“同是江湖客，不识也相亲”。

---

① 张大为.武林丛谈[M].北京：当代中国出版社，2013：43.

② Lynne B. Meanings of the Body[J]. Journal of the Philosophy of Sport, 1977, 4(1)：50—67.

③ 尊我斋主人.少林拳术秘诀[M].太原：山西科学技术出版社，2009：103.

④ 周伟良.中国传统武术训练理论论绎[D].上海：上海体育学院，2000：38.

⑤ 唐韶军，李洋.“玩拳、说拳、亮拳”对村落文化空间的构建——基于冀南广宗县前魏村梅花拳的田野调查[J].上海体育学院学报，2018(6)：64—68.

这种社会温情在同门之间遭到过度渲染、不当发酵后，会形成门户之见和江湖义气。人与人之间的所谓和谐关系开始变得扭曲，由“和而不同”演变为“同而不和”。门户之见，蕴含着浓烈的地盘意识，具有很强的排他性和保守性，徒弟们只认同“师父”“师爷”的一系传承，对于“师叔”“师伯”这种“近亲”都可能心存轻蔑，更不要说其他拳种或门派。本门的声望、师父的声誉，是“门户之见”的至重，为了维护它，徒弟们往往不顾一切。义气，一般被认为是一种为了友谊或道义而甘愿自我牺牲的勇气或态度，多为褒义。但江湖义气却多为贬义，多指狭隘地不顾原则地一味讲求所谓的“义气”。尽管在古代，江湖义气作为一种勇于扶持弱小、彼此互助、伸张正义的精神力量，也会在某种层面上发挥积极作用，但总体上与传统武术伦理所倡导的“重义轻利”相背而行，是一种不良习气。他们往往只对自己人、哥们儿义气，对不相干的人不讲义气。为了私人恩怨，互相械斗、仇杀，缺少是非观念，所以才有“江湖之中，讲义气，无是非”的说法。

门户之见、江湖义气，强化了师父对徒弟的绝对权威，有时师父不顾法律约束，将徒弟异化为“奴隶”，体现出“无法无天”的不良江湖习气和“父让子亡，子不得不亡”的强烈封建宗法意识。比如，“以前形意拳都是秘传，不许公开，开场子教拳营生，必被老前辈寻来砸了”。①郭云深就曾因此将人打伤，废了别人的功夫。同时，门户之见、江湖义气，往往使得师徒对本门形成超越常理的过度维护，在盲目崇拜、唯我独尊、封闭保守的思想倾向中，门派之间常常因观念不同而大动干戈。比如，民国时期，中央国术馆于初创时曾设少林门和武当门，但未出三个月，就酿成了少林门长王子平和武当代理门长高振东交手，科长马裕甫与柳印虎竹剑拼搏的事故。可见，即使在“民智渐开”的民国时期，历史上长期形成的门户之见、江湖义气等不良伦理观念，依旧影响很大。

3. 增强了责任意识和担当精神，也孕育了以武犯禁、勇而无礼的现象

传统武术造就习武者的不仅是技击能力，其人际伦理还增强了习武

① 徐皓峰，徐骏峰.武人琴音[M].韩瑜，口述.北京：人民文学出版社，2014：47.

者的责任意识和担当精神。所谓“责任意识”,就是超越个体自我的生命欲望和生存需要,面对他人或更高社会层次提出的对自我的要求。①孝悌忠信、群先己后、重义轻利的人际伦理,根本上是在强调习武者对他人、对社会的责任意识。其中,扼要地讲,“孝、悌、忠、信”分别突出的是对师父、师兄弟、国家、朋友的责任意识;“群先己后”明确指出在社会和自我之间,以社会为主的责任情怀;“重义轻利”是以“义”为价值取向,强调做人做事的责任标准。另外,“男女有别”其实也蕴含着对于男性习武者责任意识的要求。所谓“担当精神”,就是要勇于接受并负起责任,既表现在情感上,又体现在行为上,突出的是一种基于理性判断的勇气和魄力。可见,责任意识和担当精神是紧密关联、内在相通的。

传统武术人际伦理对于习武者责任意识和担当精神的增强,首先体现在相关戒约、规定上。比如,精武体育会和中华武士会是近代以来中国最著名的两大民间武术组织,其中,精武体育会“以提倡武术,研究体育,铸造强毅之国民为主旨”②;中华武士会创会初期的宗旨是“发展中国固有武术,振起国民尚武精神”,后调整为“传习中华古有之武术,锻炼国民之体魄”。③少林拳“捶把十要歌诀”指出:“习武绝非图私利,保国卫民称英豪”。④八极拳谱规明确警示:“武术者,本为锻炼身体,保卫国家者也,不可恃血气之勇欺压乡里,犹不可贪图小利,害及同胞”,“倘有不法之徒,或欺师灭祖,或为匪作恶,一经同仁查明,先取消其谱名,然后群起而攻之”。⑤这些均体现出习武者以国家和民族利益为重的责任意识,以及勇于维护民族稳定和社会正义的担当精神。其次,体现在习武者的具体行动中。比如,在外国列强普遍视中国人为“东亚病夫”的时代,霍元甲发出“世讥我国为病夫国,我即病夫国中一病夫,愿以天下健者一试”⑥

---

① 陈来.中华文明的核心价值:国学流变与传统价值观[M].北京:生活·读书·新知三联书店,2015:51.

② 邱丕相.中国武术史[M].北京:高等教育出版社,2008:156.

③ 杨祥全.津门武术[M].太原:山西科学技术出版社,2013:36.

④ 栗胜夫.少林拳珍诀秘要[M].北京:人民体育出版社,2007:60.

⑤ 田学建.人学视野中传统武术价值思维方式研究[D].上海:上海体育学院,2007:64.

⑥ 陈明杰.精武百年·精武一百周年纪念[M].上海:上海三联书店,2011:1.

的豪言壮语,大振国民精神。在民国体育救国思潮的影响下,韩慕侠希望建立一所武备学堂,用形意拳来培养一支具有技击格斗技术的军队,以此来达到保家救国的目的。为实现此理想,他拒绝高官厚禄,甚至有意摔伤自己也不肯为封建帝制服务。①1937 年日寇侵入华北,查拳名家常振芳目睹国难当头,义愤填膺,毅然投身从戎,加入了抗日大刀队并担任队长,在房山琉璃河一带的战斗中,杀得日寇魂丧胆破。②"苟利国家生死以,岂因祸福避趋之"(林则徐《赴戍登程口占示家人》),习武者的责任意识和担当精神深刻诠释了这一诗句的内涵和境界。

传统武术人际伦理也孕育了以武犯禁、勇而无礼的现象。习武者将"孝悌忠信"过度化、将"群先己后"绝对化、将"重义轻利"狭隘化,便造成为维护师父尊严或哥们儿义气而不惜触犯法律、滥用武力的现象。所谓的"侠"也存在这个问题。"侠"有了追随者,势力大了,就可能不承认既定规范和最高统治者的权威。他们为了公益或私利,不免与现存政权发生冲突。这种冲突在专制体制下,只能是暴力的。③况且,惯于江湖的"侠"所遵守的"义"并非完全建立在封建"礼制"框架下,而是"基于血气,有浓厚的非理性成分,与儒者的伦理立场大异其趣"④,由此导致侠义的行为观念常出于对他人的知恩图报,为了尽义而违背正统"礼"制,不为统治者所接受。⑤这与基于国家大义、社会公义形成的责任意识和担当精神完全背道而驰,当然也不符合传统武术以和为贵、和而不同的伦理观念。

4. 提升了精神高度和生命境界,也强化了尊卑有别、轻生漠死的观念

传统武术人际伦理尽管瑕瑜互见,但整体来看,其突出人生的道德价值,强调精神追求和对社会的奉献,大大提升了习练者的精神高度和生命境界。比如,"孝悌忠信、尊师爱国"的伦理要求,促使习武者立身行事以忠孝为首、诚信为本;"任侠厚施、义之所在"的伦理要求,促使习武

---

① 杨祥全.津门武术[M].太原:山西科学技术出版社,2013:208.

② 张力,龚建新.京城武林往事[M].青岛:青岛出版社,2013:116.

③ 王学泰.游民文化与中国社会[M].北京:同心出版社,2007:98.

④ 龚鹏程.侠的精神文化史论[M].济南:山东画报出版社,2008:339—340.

⑤ 张志勇.中国武术思想概论[M].开封:河南大学出版社,1998:34.

者重义轻利、舍生取义；“经权有道、以和为贵”的伦理要求，促使习武者从容中道、和而不同。传统武术的伦理要求不是道德口号，而是一种身心践履的行为方式，是否遵从这些准则，对人的精神修为具有重要影响。孙禄堂曾指出：“拳术中亦重中和，亦重仁义。若不明此理，即练至捷如飞鸟，力举千钧，不过匹夫之勇，总不离乎外家。若练至中和，善讲仁义，动作以礼，见义必为，其人虽无百斤之力即可谓内家。”①可见，对于真正的习武者而言，“内在的精神追求比实际的技击技巧更重要”②，他们的最终目标“不是为了获得极强的技击技巧，而是为了提升自我人格”③，超拔自我精神。

具体到生命境界，冯友兰将其分为四等，由低到高依次为一本天然的“自然境界”，讲求实际利害的“功利境界”，“正其义，不谋其利”的“道德境界”，超越世俗、自同于大全的“天地境界”。④由于传统武术人际伦理关注的是人际关系，不涉及天人关系，所以其对习武者的影响不可能完全达到“天地境界”，但至少是“道德境界”的。之所以说“至少”，是因为境界本身并非恒定不变。当我们以“境界”表示个体存在的整合状态和个体所能达到的意义视域时，也意味着对这种存在状态和意义世界相对性的确认。⑤换言之，天地境界中也包含对人际关系的理解，这一部分和道德境界的觉悟关联紧密，没有截然区别的分界。

处于道德境界中的习武者，为人处世以群体为先、以社会为重、以道义为准绳，具有极强的责任感，尽己所能地为武术发展、社会进步、国家安全、人民幸福作贡献。他们将自身生命融进拳种、门派、人类这些大生命中，在历史的观念上获得生命的真正意义，觉悟到自身生死并非那么重要，而“以道德意识为主宰，以责任意识作支撑，把人生视为一种责任，

① 孙禄堂.孙禄堂武学录[M].孙剑云，编.北京：人民体育出版社，2000：379.

② Charles H. Theater of Combat: A Critical Look at the Chinese Martial Arts [J]. Historian, 1990, 52(3):411—431.

③ Ronald L. Massanari. The Way to Go: Philosophy in Martial Arts Practice [J]. Journal of the Philosophy of Sport, 2001, 28(2):245—251.

④ 冯友兰.中国哲学简史[M].赵复三，译.天津：天津社会科学院出版社，2007：557.

⑤ 杨国荣.伦理与存在：道德哲学研究[M].北京：北京大学出版社，2011：68.

一种尽伦尽职"①,在面对死亡时,为了他人、社会的利益,为了自己的应尽之责,可以不虑生死,甚至有着"向生而死、死而后生"的从容与镇定。这种对待"死"的态度,凸显出习武者"生"的模式选择和意义所在。当然,从动机论的角度,习武者"杀身以成仁"属于道德境界,但若"杀身以成名",杀身是为了成名,就下降到功利境界。

传统武术人际伦理的形成,深受宗法制度的影响。宗法制度在本质上是一种等级制度,其以"三纲"之说为核心,在各种人伦关系间构建起一套严密地带有脉脉温情的伦理准则体系。这套体系以家族中的血缘辈分等级秩序为根本,强调家族利益,突出整体主义,授予父、君、夫以绝对权威,对巩固君主专制作用巨大,却严重扭曲了一些中国人的个性和心理,缺乏主体意识,缺少自立精神,满眼尊卑上下的风气一代代蔓延开来。同样地,许多习武者将门派视为至高的存在,一切行为以维护门派利益为目的。个人无条件服从门派,师父对徒弟的绝对权威被片面强调,所谓"师命不可违""一徒不可二师"等思想均是典型反映,甚至还出现了"天下有不对的父母,没有不对的师父"的极端伦理观念。这些观念严重制约了习武者的独立意识和创新精神,弟子不得违拗师父之言,更不得僭越班辈,甚至对师父传授的武功和套路形式,也不敢越雷池半步,言必称"祖宗秘传""正宗"等,总体上妨碍了武术的创新发展,更加扭曲了习武者的人格与精神。

这种尊卑有别的观念还容易塑造出一种人身依附的奴性心理,形成这种心理的习武者往往过度抬高师父的地位与形象,不容他人非议,否则便以武力甚至不惜以生命相争。另外,一些习武者在对义利观的不当认识中,往往浸染上浓重的江湖习气,不顾原则地维护所谓的义气,甚至因此而不计生死。当然,也有一些习武者自觉身负武技而血气之勇益盛,往往轻言生死,或不惜以生命代价履行仗义之义。习武者这种轻生漠死的观念,显然有悖于中国文化安命乐生、重生轻死的传统。

---

① 陈战国,强昱.超越生死:中国传统文化中的生死智慧[M].开封:河南大学出版社,2003:74.

5. 保障了传统武术的稳固传承，也在一定程度上阻碍了它的创新发展

模拟家族伦理形成的传统武术人际伦理，保障了传统武术的稳固传承。第一，忠孝为首的伦理观念，使习武者积极传承技艺。中国传统社会中以“孝”为核心的家族伦理，认为“不孝有三，无后为大”。相应地，习武者若不能将技艺传承下去，也被认为是不孝。徒弟们，尤其那些支撑门户的主要徒弟，始终将技艺传承作为自己的应然之责。一些武术家没有将技艺全部传给儿子，却尽力传给得意弟子，便因为他们“名为师徒，义同父子”，徒弟传承师父的衣钵，并将其发扬光大，也是在延续师父的生命，使师父在历史长河中获得永生，使浸透着师父和历代师祖心血的宝贵技艺代代传承。

第二，重义轻利的伦理观念，使传统武术得传其人。面对世俗社会的各种诱惑，习武者以“重义轻利”“不得其人不传”的坚定信念，谨慎择徒，为传统武术的稳固传承和门派生命的有力延续奠定了基础。如武术谚语云：“相逢不是忠良辈，他有千金也不传”；“万两黄金不卖艺，十字街头送志人”。这些戒约在一定意义上保证了得传技艺者具备重义轻利的优良品性，尤其那些真正得传衣钵的入室弟子，更是百里挑一。这些重义轻利的弟子们，在日后的技艺传承中也会以“义”取人，传授其技，由此形成良性循环，保证了传统武术传承的代不乏人。同时，这些经受过百般考验而得传其技的弟子们，一般均与师父建立了“义同父子”的亲密关系，因而会以“孝”为先，努力传承本门技艺，光大本门声誉，甚至视此为自己一生的最大志业。

第三，群先己后的伦理观念，稳固了门派这一传统武术传承的根基。宋代以后，传统武术传承越来越多地以门派的形式进行。门派林立必然形成门派之争。群先己后的观念，促使各门派弟子尽心维护本门利益，努力提升本门竞争力。如此，他们不得不努力练习本门技艺，严格遵守本门规定，从而保障了传统武术的稳固传承。竞争过程中也会有门户之见、封闭保守等不良现象出现，但从正面意义来看，这也是对弟子们的一种激励，可促使他们形成强烈的价值认同，虔诚地学习技艺、请教师父、

维护门派，进而更加深刻地理解本门武术精髓，并发扬光大。

第四，男女有别的封建伦理观念，客观上增强了武术传承者的责任意识。“严男女之别”是古代家族伦理的一项重要内容，其本质是“重内外之分”。这种思想观念导致古人的尊祖敬宗意识极其强烈，今天看来是对妇女的排斥，很不合理。所谓“尊祖”，即对祖先权威的服膺，以及由此而来的对尊长的绝对服从；所谓“敬宗”，即对血亲关系的本能维护，以及由此而来的对亲子传承的极端重视。①这使得传统武术各门派均极其重视对于儿子和等同于儿子的入室弟子的技艺传承，这种行为反过来又强化了得传其技者对本门尊长和技艺的崇奉思想。由此，各门派武术传承者的责任意识得以加强，事实上也使传统武术的稳固传承进一步得以保障。

传统武术人际伦理引发的一些负面观念，在一定程度上阻碍了它的创新发展。创新需要交流，发展需要开放。前面提及的男女之别、内外之分，以及因群先己后而可能导致的门户之见、封闭保守观念，因忠孝为首而可能形成的盲目崇拜、复古泥古倾向等，均不利于传统武术的创新发展。比如，“男女之别”的观念，人为地剥夺了全社会一半人群的习武机会，也就缺失了这一半人群的武术智慧。倘若历史上真的没有女子学武，恐怕也就不会有咏春拳和白鹤拳的创生，更不会有严咏春和方七娘的传奇轶事。门户之见和封闭保守的思想，使得大批有可能在武术上学有所成之人，就此与武术无缘；使得各门派忙于崇祖颂祖而陷入因循守旧、僵化保守的窠臼，失去了进一步探索、创新的热情。而且这种思想还造成了门派之间、习武者个人之间的诸多冲突和矛盾，导致了“宁传一斗金，不传一口真”现象的出现，让许许多多的徒弟们徒耗青春甚至徒添伤病却不自知。盲目崇拜、复古泥古的倾向，使得许多传统武术习练者奉师父所传为金科玉律，认定“作为后人的我们只能原样因袭，而绝不可妄加更改，否则就是对武术传统和先辈的不尊重”②，从而扼杀了武术文化

① 王林，赵彩红，黄继珍.传统武术传承的社会人类学解析[J].武汉体育学院学报，2010，44(12)：21—27.

② 李守培，郭玉成.文化安全视域下的武术标准化问题及对策[J].上海体育学院学报，2015，39(5)：77—82.

的创新力。总之，整体来看，这些负面思想以一个又一个的门派为基本单位，增加了整个传统武术的内耗，封闭了传统武术更多主体的选择、发展的路径和历史的可能。

小　　结

中国传统社会是以伦理为本位的社会，其数千年绵延发展呈现出浓厚的伦理品格与道德指向。以此为背景，传统武术人际伦理的优势与缺陷，便主要决定了传统武术的历史面貌和发展脉络。立身于快速转型的当代社会，在本土与世界之间，对传统武术现代形态的寻求与奠定，对传统武术伦理发展路径的思虑与拓宽，甚至对新时代中国社会伦理秩序的筹谋与建设，都需要基于文化自觉深入借鉴以传统武术为代表的相关领域人际伦理形成的历史经验，才能更好提升自信力，汲取传统的智慧，获得返本开新的可能，同时也为新时代武术人、中国人的历史观、民族观、国家观、文化观的塑造，提供丰厚的文化滋养和深刻的史学支撑。

第二章　传统武术身心伦理的历史形成

身心伦理，也即身心关系，是任何人都必须面对和处理的人生最基本的伦理关系。古今中外形成了纷繁复杂的身心伦理学说。整体来看，“中国历史上的大多数哲学家都持朴素的身心合一论”①，这与中国传统文化的内倾型特质关联紧密。在此背景下，传统武术由着重于外在肢体而逐步“升华为一种对于身和心的双重训练”②，且随历史演进，对身心伦理的关注愈发强烈，发展出一些特色显著的伦理理论，如内外六合、形断意连、以气催力等。

身心伦理彰显着传统武术在身心层面的独特思考，是传统武术须臾不可离的关键内容，对武术的技术、理论、人际伦理、天人伦理等均有深刻影响。然而，已有研究却极少专门关注于此，相较于“中国思想史中的身体观因有极强的普世意义与价值，能与西方或其他文化相参照，已成为近年来学术研究一大热点”③的局面，对传统武术身心伦理的研究已严重滞后。鉴于此，本章主要以中国传统哲学、伦理学相关理论为支撑，试图就传统武术身心伦理，条分缕析地探讨其核心观念，扼要深刻地总结其形成缘由，辩证客观地梳理其历史影响，以为其在当代社会的创造性转化和创新性发展提供依据。

从传统武术的实际情况出发，本章所谈身心伦理，不仅指身体与意

---

① 张学智.中国哲学中身心关系的几种形态[J].北京大学学报(哲学社会科学版)，2005，42(3)：5—14.

② Koh T.C. Chinese Medicine and Martial Arts[J]. The American Journal of Chinese Medicine，1981，9(3)：181—186.

③ 李有强.道家身体观及其体育思想的内在超越[J].体育科学，2015，35(6)：90—97.

识之间的关系，而是总括了身体内外、四肢百骸、意识思想各部分间的所有关系。比如，传统武术对手、足、肘、膝、肩、胯之间关系的认识，正是其身心伦理的重要内容之一。

一、传统武术身心伦理的核心观念

1. 心专身恒：专心致志，恒以出功

武谚云："习武者当立志，人无志事不成。"志者乃心之所向。在"志向"的指引下，习武者身体力行，践履武学大道，形成传统武术一种"志于道"的身心伦理，可用"心专身恒"四字作概括。此伦理不以习得某种外在知识为根本目的，而要求人们在身心践履的过程中专心向学、恒以赴之、百般磨砺，不仅将"求道"的行为转化为培养道德意志的途径，也形成一种自觉的道德实践，于举手投足间展现出习武者独具的道德精神与气象。

心专身恒，以"专"为前提，以"恒"为过程。"专心"才能"致志"，"有恒"才能"出功"。专，首先体现为坚定的习武志向。李洛能、杨露禅等人百折不挠而终有所成的习武轶事，正是习武者专心向武的典范。其次，"专"进一步体现为习武者对于技术动作的深入探究。比如，八卦掌名家刘凤春一式单换掌持续不懈练了9年；形意拳名家尚云祥得劈、崩之技而专心研练10年。其实，对于某一动作的专心研练，并非简单地无限次重复，而是要用心琢磨，在熟极而流的基础上练出形外之形、法外之法、意外之意，变化气质、一气贯通、一通百通，这才是"专"的深意。

《书》曰："学贵有恒。"前述之"专"已内涵"恒"的意蕴，但作为需终生求索的武学之道，仍要强调"恒"。否则，人生百年，际遇万千，在"冬练三九，夏练三伏"这种非常人所能忍受的长期磨砺中，如何能以道制欲、心无旁骛？况且"长功不易，退功如潮"，功夫的增长本就需要持之以恒的锻炼，这也是武术修习的固有特性。因此，李存义所言"练形意者勿求速效，勿生厌烦之心，务要有恒，作为自己一生始终修身之功课，不管效验不效验，如此练去，功夫自然而成”①，不只是对形意拳习练者而言，也包括所有习武者。

总之，“心专身恒”是习武者在“志于道”的过程中必须始终谨慎应对的身心伦理。觉远禅师对此概括精当，他说：“吾释有不二法门，技术有为学次第，而一言以蔽之曰：专而已矣，恒而已矣。能专与恒，则天下无不可成之事，而况区区技术之微哉？”②

2. 体悟互成：练以累积，悟以升阶

师父领进门，修行在个人。传统武术修习不以三年、五年为期，而是一场“持续一生、永无终点”③的人生修行。从佛教观点来看，修行旨在达到顿悟。④在无止境的武学之道上，习武者通过持续修行获得不断顿悟，从而实现境界的不断提升。持续修行，也即“练的累积”，是顿悟的前提与基础，顿悟是一种当下冥合的高峰体验。比如，形意拳家唐维禄曾练功刻苦，但不善比武，一天他手里抬着东西，身边有人一个趔趄，他没法用手扶，情急之下用胯拱了一下，那人没摔倒，他也悟了，从此比武得心应手⑤，在武学之道上上了一个大台阶。习武这种修行之道，可被抽象为无数前后相连的不断升高的台阶。习武者在一个台阶上苦苦打磨后，机缘巧合下便会有所悟会，从而登上后一个台阶。如此拾阶而上，武学境界便不断提升。当然，这些前后相连的台阶高度并非一致，其是由习武者的勤奋、体质、个性、机缘等多种因素综合决定的。

练艺容易醒悟难。所谓“一日三练功，日久悟天机”，习武者的瞬间开悟要在其身体和精神经历长期磨炼后，具备了足够的“炼的累积”，才能于某一机缘中、一定程度上实现豁然贯通，做到“悟以升阶”。但开悟

① 徐皓峰.逝去的武林：一代形意拳大师口述历史[M].李仲轩，口述.海口：南海出版公司，2009：30.

② 尊我斋主人.少林拳术秘诀[M].太原：山西科学技术出版社，2009：123—124.

③ Allan Bäck. The Way to Virtue in Sport[J]. Journal of the Philosophy of Sport, 2009, 36(2)：217—237.

④ 汤浅泰雄.灵肉探微——神秘的东方身心观[M].马超，等，编译.北京：中国友谊出版公司，1990：10.

⑤ 徐皓峰.逝去的武林：一代形意拳大师口述历史[M].李仲轩，口述.海口：南海出版公司，2009：108.

的机缘却并不一定与开悟的内容有直接逻辑关联，此时“感觉刺激只不过激发了直觉，或为直觉的机能提供了一个机会，正如禅师在长期修行后听到竹子爆裂而突然悟到佛性”。[①]武谚所谓“练武半辈子，一句话教给徒弟”，也是此意。需注意的是此处的“一句话”并不固定。与禅宗相似，师父在某一境况下的某句话可能恰巧应和上徒弟此时的身心状态，使得徒弟“言下顿悟”。但习武之悟，“不是悟古歌诀，也不是悟老师的口诀，而是借着歌诀、口诀，有了契机，悟出产生歌诀、口诀的东西”。[②]

归根到底，悟，是揭去当前心中遮蔽，解放心灵，展现灿然活力、盎然生趣的过程。武学修炼正是以“体悟互成”的方式，在“练以累积、悟以升阶”的过程中，实现自我解脱和超越，不断回归、逼近拳性和自我个性，最终明心见性，见拳之本性、己之本性。

3. 形质神用：形神不二，以神御形

传统武术的“形”是指可被直接感知的肢体时空结构状态，即人的形体外貌及其动作表现[③]；“神”是对精、气、神及心理意识、情感意志、劲力神韵等多种身体内在内容的高度抽象，是外在形体动作的运行依据和支撑。南北朝时期，范缜为批驳佛教的“神不灭论”而提出“形存则神存，形谢则神灭”（《神灭论》）的“形质神用”形神一元论观点，“明确表明形是第一性的，神依赖于形才能存在”。[④]这在中国哲学史上意义重大，深刻影响了传统武术的形神关系问题。

首先，传统武术认为形神不二，即形与神有区别也有联系，不可分离。如形意拳家郭云深言：“练之形式顺者，自有力；内里中和者，自生气；神意归于丹田者，身自然重如泰山；将神气合一化成虚空者，自然身轻如羽。”[⑤]形神不二之境需经严格训练而成，否则即使技法熟练，也可能

① 汤浅泰雄.灵肉探微——神秘的东方身心观[M].马超，等，编译.北京：中国友谊出版公司，1990：196.

② 徐皓峰.逝去的武林：一代形意拳大师口述历史[M].李仲轩，口述.海口：南海出版公司，2009：110.

③ 阮纪正.至武为文：中国传统武术文化论稿[M].广州：广州出版社，2015：92.

④ 北京大学哲学系中国哲学教研室.中国哲学史[M].2版.北京：北京大学出版社，2003：196.

⑤ 孙禄堂.孙禄堂武学录[M].孙剑云，编.北京：人民体育出版社，2000：294.

形神不合。各拳种普遍遵循的“六合理论”，便是引导习武者走向内外如一、形神不二之境的重要门径。此处所谓需训练而成的“形神不二”境界，专就武学修炼中内外如一、身心高度和谐的状态而言。对于一般所言“形存则神存，形谢则神灭”（《神灭论》）的形神一体之论，传统武术伦理是默认的，这也是其追求形神不二之境的基础。

其次，传统武术的形神不二在具体操作中通过以神御形来实现。如太极拳家杨澄甫所言：“太极所练在神，故云：神为主帅，身为驱使；精神能提起，自然举动轻灵。”①再如“神御气，气留形”“内五行要动，外五行要随”等武谚、口诀，传达的也是以神御形的道理。事实上，武术训练只在刚开始时循规蹈矩，以形导气、以气养神。到一定程度后，便要重意不重形，“以内为主，外面出现什么状况，就是什么状况了。因为由外在形体求内在精神，是刻舟求剑；由内在精神通达外在形体，是一步登天”。②正所谓“只求神意足，不求形骸似”，能得意忘象、一片神行，才是进入了武学的高境界。

4. 阴阳相济：阴阳互根，亦一亦二

“天地之变，阴阳之化”（《荀子·天论》）。阴与阳是中国传统哲学对于宇宙万物两种相反相成性质的哲学抽象，前者泛指阴柔、被动、消极、谦退的一面，后者泛指阳刚、主动、积极、进取的一面，二者弥纶天地、曲成万物，是中国传统哲学的最高范畴，如《素问·阴阳应象大论》中有言：“阴阳者，天地之道也，万物之纲纪，变化之父母，生杀之本始，神明之府也。”虽然阴和阳是相对的，如董仲舒言“阴与阳相反之物也”（《春秋繁露·天道无二》），但它们又是一体两面的，“孤阴不生，独阳不长”（《幼学琼林》），二者对待互根、不可分离，也即“阴阳互根”。

传统武术以“一阴一阳之谓拳”的哲学高度，将刚柔、进退、开合、动静、内外等所有对立范畴，均纳入阴阳之道，认为每一对对立范畴的两方面均相互依存，互为对方存在的前提。此正如太极拳家陈鑫所指：“所谓动则生阳，静则生阴。一动一静，互为其根。是所谓阳中有阴，阴中有

---

① 杨澄甫.太极拳体用全书[M].北京：人民体育出版社，1957：5.

② 徐皓峰.逝去的武林：一代形意拳大师口述历史[M].李仲轩，口述.海口：南海出版公司，2009：143.

阳，此即太极拳之本然。”①明了阴阳互根之理极其重要，正如《拳经拳法备要》所言：“若不明阴阳，则无变化之妙，而有呆钝之嫌。先贤曰：‘敌未交手，便知胜败，乃明阴阳之理也。’”②

阴阳互根，但阴与阳之间并非简单的一或二的关系，而是亦一亦二，既是一，也是二。“因为它一分为二，又一定要二合为一。”③二合为一，就是阴中有阳、阳中有阴，唯其如此，天地之道才能生生不息。传统武术对“亦一亦二”之理极为注重。比如，关于开合，李亦畬在《走架打手行工要言》中言：“静则俱静，静是合，合中寓开；动则俱动，动是开，开中寓合。”关于虚实，李亦畬在《虚实图解》中认为：“实非全然站煞，实中有虚；虚非全然无力，虚中有实。”关于收放，武禹襄在《十三势行功心解》中指出：“收即是放，放即是收，断而复连。”总之，以中国传统文化对中庸之道的崇尚为背景，传统武术总是在阴阳之间含阴纳阳、无过不及、亦一亦二，以求达到阴阳不测、妙用由心的神明之境。

传统武术以亦一亦二之法处理阴阳关系的最终目的，是实现阴阳相济。因为“阴阳相济，方为懂劲。懂劲后，愈练愈精，默识揣摩，渐至从心所欲”（《太极拳论》）。换言之，阴阳相济，可使拳术有妙用，使习武者在虚实、轻重、刚柔等对立范畴间转化互生、神妙莫测。也正缘于此，习练传统武术才极为注重在阴阳相济相交处详加体会，因为至阴而阳、至阳而阴，阴与阳相结合，“正可以说是在场与不在场、显现与隐蔽的结合。‘妙悟天开’的境界就在这两者的交会处。”④就此，孙禄堂也曾言：“学者能于开合动静相交处，悟澈本原，则可在各式圜研相合之中，得其妙用矣。”⑤阴阳相济相交处，乃“几”也，“几者，动之微，吉之先见者也”，“知几其神乎”（《周易·系辞下》）。

5. 身心和合：六合为法，和谐为鹄

在中国传统文化注重内倾的导向下，习武者发现“真正强大的力量

---

① 陈鑫.陈氏太极拳图说[M].太原：山西科学技术出版社，2005：79.

② 张孔昭.拳经拳法备要[M].太原：山西科学技术出版社，2006：27.

③ 曾仕强.易经的奥秘[M].西安：陕西师范大学出版社，2009：24.

④ 张世英.万有相通：哲学与人生的追寻[M].北京：北京师范大学出版社，2013：62.

⑤ 孙禄堂.孙禄堂武学录[M].孙剑云，编.北京：人民体育出版社，2000：180.

来自身与心的和谐统一”①,因而逐步向内探索形成“身心和合”的伦理观念。伴随历史演进,明末清初以后,各拳种对身心关系认识得更为具体,大多不约而同地默认了“六”的数字,总结出“六合”理论。比如,心意六合拳和形意拳的“六合”均为“心与意合、意与气合、气与力合”的内三合,以及“手与足合、肘与膝合、肩与胯合”的外三合;少林拳的“六合”为“手与足合、肘与膝合、肩与胯合、心与眼合、勇与意合、气与力合”②等。尽管各拳种对“六合”内容的规定不尽相同,也未必一定具体区分为内三合与外三合,但涉及的具体内容却其实均着眼于内与外两个方面,且以“一动而无不动,一合而无不合”的内外如一、整体和谐为最终追求。

由此可见,明清之际发展成熟的中国传统武术对于身心伦理的关注,整体上是以“六合为法、和谐为鹄”的。其中,以“外三合”为代表的外在层面上的和谐理论,主要是为了使习武者达到“四肢相合、术巧劲整”的目的,这时的习武者主要处在“以身打拳”的境界;以“内三合”为代表的内在层面上的和谐理论,主要是为了使习武者达到“心动形随、灵妙圆活”的目的,这时的习武者主要处在“以心打拳”的境界;而此后进一步发展,身体内外的和谐程度进一步提高,习武者则可逐渐接近甚至步入“以拳打拳”的境界,此时会表现出不同程度的“自然脱化、内外一如”的身心伦理特征,对手、竞争和暴力消泯于无形,天地之间唯有一片祥和。当然,三大阶段之间互有交错,并没有明确的界限,类似于形意拳明劲、暗劲、化劲三者之间的过渡关系。而且,从理论上来讲,限于各种因素,习武者身心和合的程度是无止境的。也即,不同的习武者的身心和合程度是有区别的,但就总体而言,毋庸置疑的是,传统武术对于身心伦理的处理是以和谐为鹄的。

---

① Max J. Skidmore. Oriental Contributions to Western Popular Culture: The Martial Arts[J]. The Journal of Popular Culture, 1991, 25(1):129—148.

② 栗胜夫.少林拳珍诀秘要[M].北京:人民体育出版社,2007:94.

二、传统武术身心伦理的形成缘由

1. 中国传统注重内倾的文化特色，引导了传统武术身心伦理的发展方向

任何一种文化形态，在其孕育、形成、发展的过程中，必然要受到其母文化的影响。传统武术的身心伦理亦然。中国传统具有注重内倾的文化特色，中国哲学普遍认为，心灵是主宰一切、无所不包、无所不通的绝对主体，因此，赋予心灵以特殊意义和地位。①以标榜"心学"的王阳明为例，便指明"心外无事，心外无理，故心外无学"(《紫阳书院集序》)。阳明心学在明清之际影响甚大，必然会对传统武术的身心伦理取向形成影响。比如，太极拳《清代杨氏传抄老谱》中"人之周身，心为一身之主宰"②的观点，与王阳明"心者人之主宰"(《传习录下》)的提法一致，用词也几近相同。王阳明晚年论学的宗旨是"致良知"，武学大家孙禄堂亦认为"拳术之体用，在启良知良能"③，可见心学对孙禄堂影响之大，亦可见传统武术对于"心"的重视。

具有"内倾"特色的中国传统文化重视"心"，阳明心学甚至以"心外无学"为实践原则，引导了传统武术身心伦理的发展方向，致使其以"心"为统帅。比如，苌家拳认为："凡一身之进退动静，以心为主，心君也，出令者也"④；武学经典《手臂录》专列"治心篇"，认为，"用技易，治心难。手足运用，莫不由心"。⑤传统武术甚至形成"心练"之法，如韩其昌曾言："我躺在床上还能练功，你知道怎么练吗？叫心练。"⑥由此，在形与神之间，自然引导出传统武术"形神不二、以神御形"的"形质神用"身心伦理观念。但"通常情况下，人的心与身的作用是相分离的。只有经过长期的

---

① 蒙培元.心灵超越与境界[M].北京：人民出版社，1998：4.

② 王宗岳，等.太极拳谱[M].沈寿，点校考释.北京：人民体育出版社，1995：145.

③ 童旭东.孙氏武学研究[M].北京：中国书籍出版社，2008：232.

④ 徐震.苌乃周武术学[M].太原：山西科学技术出版社，2006：67.

⑤ 吴殳.手臂录[M].太原：山西科学技术出版社，2006：2.

⑥ 张力，龚建新.京城武林往事[M].青岛：青岛出版社，2013：230.

积累性的训练，才能逐步接近身心的不可分离状态”①。习武者在追求以神御形的过程中，必然要由身心分离走向身心和合，因为在身心分离的状态下，“神”是不可能“御形”的，这又进一步引导出“身心和合”的伦理观念。

注重内倾，反求诸己，便要向“心”用力，重视“悟”的作用，以直达事物本质。传统武术认为“拳术入门须身授，口传心法悟为先”，“动练出巧，静悟可精”，指明了“体”与“悟”的重要关联。事实上，只有师父的“身教”与自身的刻苦习练，却没有较高的悟性，可能培养出“技术娴熟的拳师，却不可能成就真正的大师”②。由此，传统武术在“体”与“悟”之间逐渐形成了“练以累积、悟以升阶”的“体悟互成”身心伦理观念。同时，“悟”的得来，也不是短时的“体”可达到，这其中需要“一日三练功，日久悟天机”的专心与恒心，由此又形成了传统武术“心专身恒”的身心伦理观念。

2. 武学境界不断提升的内在诉求，推动着习武者对身心伦理的深入参究

早在先秦时期，传统武术在传统文化的影响下已开始涉及身心伦理，如《吴越春秋》中有“内实精神，外示安仪”的要求。但直到宋明时期，武术一直都主要是突出“战阵”和“齐勇”特征的军事武艺，且主要是器械技术。拳术不受重视，多被视为活动手足、提高身体素质的方法之一，如戚继光言，“拳法似无预于大战之技，然活动手足，惯勤肢体，此为初学入艺之门也”。③当时武术研究关注的重点主要是技击方法和战术原则，如俞大猷在《剑经》中提出“中直八刚十二柔，上剃下滚分左右；打杀高低左右接，手动足进参互就”的技击方法，以及“刚在他力前，柔乘他力后；彼忙我静待，知拍任君斗”④的战术原则。这些方法和原则，相比于明末清

---

① 汤浅泰雄.灵肉探微——神秘的东方身心观[M].马超，等，编译.北京：中国友谊出版公司，1990：8.

② 李守培，郭玉成.中国传统武术的人文思维研究[J].武汉体育学院学报，2015，49(2)：52—57.

③ 戚继光.纪效新书[M].马明达，点校.北京：人民体育出版社，1988：307.

④ 李良根.剑经注解[M].南昌：江西科学技术出版社，2002：2—4.

初以后形成的“拳无拳，意无意，无意之中是真意”“一羽不能加、蝇虫不能落”“空而不空，不空而空”等对武学境界的描述，显然处于较低层面。

明末清初以后，伴随火器运用在军事战争中的逐步盛行，传统武术越来越与军事武艺相脱离。清代初期的当政者限禁、收缴民间兵器，致使“练武转入小规模和地下”①，一些武术家不得不深入研究拳术技艺，以拳术代替器械，努力提升自身武学境界，促使拳术理论快速深入发展。比如，姬际可“化枪为拳”，以枪理指导拳理，创出心意六合拳，明确提出“六合理论”。同时，传统武术在民间习练者的普遍传习中，尤其在诸如苌乃周、武禹襄、陈鑫、孙禄堂等一代又一代有较高文化修养的武术家那里，加快了借鉴、融摄中国传统哲学、宗教、兵学以及养生思想和方法的进程，使“技进乎道，艺通乎神”。这不仅提升了武学的境界，也是习武者在“文武分途”的时代里提升自身社会地位和文化品位的内在诉求。另外，清代一度有“禁教不禁拳”②的政策，严禁民间教门和秘密结社，但对武术的传播较为宽容。这促使武术传习成为民间教门和秘密结社宣传教义的幌子。当然，武术传习也适应了组织活动的需要，如义和团的军事行动。由此，传统武术在教门、结社中得到大力推行，一些习武者在努力提升自身武学境界的过程中，既练气又习武，使得武术练习与气功导引逐步融合，因而更加关注身心伦理。

总之，基于各种因素，民间习武者为了提升武学境界，对传统武术展开了个性化地深入研究，发现“形合，则气不牵扯。形不合，则气必濡滞……练形以合外，炼气以实内，坚硬如铁，自成金丹不坏之体，则超凡入圣，上乘可登……俗学必不谙中气根源，惟务手舞足蹈，欲入元窍，必不能也”。③所以，明末清初及其以后的习武者普遍关注身心伦理，而对于身心伦理的关注又和自身武学境界的提升形成了相互促进的关系。故言，武学境界不断提升的内在诉求，推动着习武者对身心伦理的深入参究。

① 程大力.清代少林与内家之争是政治舆论之战[J].体育学刊，2014，21(6)：1—6.
② 国家体委武术研究院.中国武术史[M].北京：人民体育出版社，1996：300.
③ 徐震.苌氏武技书[M].太原：山西科学技术出版社，2006：7—14.

3. 武术训练养生旨趣的日益强化，促进了习武者对身心伦理的不断探索

明清之际，火器在战场上运用得越来越普遍，致使武术愈发下移至民间，成为更为私人化的技艺，在技术和理论层面都和军事武艺有着越来越大的分野。传统武术一旦“借着多种契机变成了个人的私事，其基本内涵也自然就从军事训练转变成了体育锻炼。也就是说，它主要关心的不是如何去杀伤别人，而是怎样来保护自己”。①保护自己，首先要求传统武术训练具有较为明显的养生作用，这是“体育化进程中的”②传统武术的必然取向，而且即使“进行技击实战，健康的身心也是首要的。没有了主体，谁来实施技击？应该说，以技击为核心的武术能够接纳养生，这是一个必然的前提”。③

从中国传统养生思想和中医理论来看，养生不仅要养形，也要养神，且养神更重于养形。从养形的层面，传统武术不能再一味崇尚刚猛，而要注重柔化，推崇虚静，在松、圆、匀、柔的身体运行中调身、调息、调心，如此必然向“内”用力，注重内外结合，关注身心伦理。从养神的层面，所谓“失神者死，得神者生”(《灵枢·天年》)，中医和古代养生理论对于“神”的推崇，必然引导传统武术将“神”在身心关系中提升到统摄地位，以养神为先，形成“形神不二、以神御形”的身心伦理观。

特殊受众群体的需要，进一步强化了传统武术训练的养生旨趣。一方面，传统武术在普通民众中的广泛传播，尤其在体弱年迈者中的推广，要求练习内容简单易学、注重养生、身心和谐。另一方面，一些王公贵族、达官贵人将传统武术作为闲暇活动内容，显然也不以技击为主要诉求，而以娱乐和养生为主，促使武术家们不得不变革武术运动形式。比

---

① 刘东.中华文明读本[M].南京：译林出版社，2009：330—331.

② Cécile Collinet, Matthieu Delalandre, Pierre-Olaf Schut, etc. Physical Practices and Sportification: Between Institutionalisation and Standardisation. The Example of Three Activities in France[J]. The International Journal of the History of Sport, 2013, 30(9): 989—1007.

③ 曲天敏.对武术与养生之历史关系的思考[J].武汉体育学院学报，2006，40(8)：88—90.

如，杨露禅变革陈式太极拳，删繁就简、去刚存柔、突出有氧锻炼，形成杨式太极拳。

武术训练养生旨趣的日益强化，促使武术理论大量融入养生思想。比如，《形意拳拳谱》论述劈、钻、崩、炮、横五大母拳时，均结合中医理论和养生思想进行，如“崩拳性属木，取之身内属肝……练之拳势顺，则肝舒气平，养心神、增筋力，而无目疾腿病之患，拳势逆，则伤肝，肝伤则两目昏花两腿痿痛，一身失和，心火不能下降，拳也不得中立地步”。①在普遍以拳谱为圭臬的古代，习武者在武术理论中养生思想的陶化下，定然格外留意脏腑、心神、精气等内在因素及其与外在形体的关系，从而不断探索身心伦理。

4. 中国人个体性自我意识的觉醒，支撑着习武者对身心伦理的持续追求

在以儒家为主导的强调“克己复礼为仁”的封建社会，中国人的个体性自我意识尽管一直被压抑，却也在经历着逐步觉醒的过程。这正如“我们虽不能在一分一秒的时间内目击木叶之成长，在长时间却可”②清楚觉察。纵观历史，尽管中华民族在秦汉之时经历了“罢黜百家、独尊儒术”的思想一元化时期，中国人的个体性自我意识遭受极大压制，但其后的魏晋玄学和隋唐佛学先后从不同角度、以不同方式冲击着儒家湮没自我于纲常名教的思想传统，为儒家思想注入了极为宝贵的自我意识，以致之后形成的宋明理学不得不主动融入佛道两家推崇个体性自我的思想成分。明清时期，在黄宗羲、顾炎武、王夫之、戴震等人的推动下，朴学兴起，“不以人蔽己，不以己自蔽”等思想对于自我主体性的彰显，又进一步推动了中国人个体性自我意识的觉醒。

在此大背景下，传统武术的发展也显现了习武者个体性自我意识的逐步觉醒。纵观历史，从秦汉时期的“四方之法各异，惟京师为善”（《典论》），到明清时期的拳种林立、流派纷呈，展现出的是无数习武者对于武术技术和理论的个人主张与选择，这种提出主张和做出选择的过程，是

① 李洛能.形意拳拳谱[M].太原：太原市武术挖掘整理组翻印，1984：38.
② 黄仁宇.大历史不会萎缩[M].桂林：广西师范大学出版社，2004：2.

以他们自身的个体性自我意识为支撑的。由于武术归根结底是一种身体活动,各种武术技术和理论的表达离不开身心关系,所以这些不断觉醒的个体性自我意识,又必然落脚在习武者们对身心伦理的持续探索和不懈追求中。

再从微观层面来看,习武者对于传统武术技术的研究,宋明以前基本停留在技法层面,明清时期则重点转向劲力探讨。这种由技法向劲力的过渡,是在武术脱离军事走向私人化、个性化发展之后,"由浅入深、由表及里发展的必然结果,使得个人武术特征与自身的先天条件结合得更加紧密,并通过不同的劲力特征表现出来"①,十分鲜明地表达了习武者的个体性自我意识。进一步来看,劲力的表达过程把人的形体训练跟心理训练结合起来,特别强调心理意念的作用,即所谓"以心行气,以气运身","意到、气到、劲到"。这心身运动的中介环节是"气",通过升降出入的"真气运行"去推动身心两个方面的活动,在身的一端表现为"劲"的发挥,在心的一端表现为"意"的流行②,所以习武者对于武术劲力的训练说到底是明心见性的过程,而不同劲力的表达则是个体性自我意识的显现。诚如太极名家李经梧所言:"拳劲是人性的反映。"③

可见,中国人个体性自我意识的觉醒,支撑着习武者对身心伦理的持续追求。同时,这也从更深层面上解释了为何在历史演进中,人们尽管对于冷兵技击的需求日渐降低,对于传统武术的研究却愈益精深,其中的主要原因之一便是传统武术训练内在地"具有精神启蒙的效用"④,这种效用深层契合了中国人精神发展的历史需求——个体性自我意识的不断觉醒。

---

① 童旭东.孙氏武学研究[M].北京:中国书籍出版社,2008:229—230.

② 阮纪正.至武为文:中国传统武术文化论稿[M].广州:广州出版社,2015:12.

③ 梅墨生,李树峻.李经梧太极内功及所藏秘谱[M].北京:当代中国出版社,2010:151.

④ Allan Bäck. The Way to Virtue in Sport[J]. Journal of the Philosophy of Sport, 2009, 36(2):217—237.

三、传统武术身心伦理的历史影响

1. 助推习武者走向慎独的道德境界，也孕育产生了迂腐保守的观念

慎独之“独”，正指向宇宙生命之无对；慎独之“慎”，正谓宇宙生命不容有懈。儒家之学只是一个慎独。①深受儒学影响的传统武术同样强调慎独，这不仅是儒学对于习武者道德修养的要求（以伦理引导习武者的强大力量归入正途②），更是传统武术身心伦理的必然导向。“心专身恒”作为身心伦理的核心观念，要求习武者专心致志、恒以出功，正是在此“专”与“恒”的过程中，造就出习武者慎独的道德境界。苌乃周说：“学拳一势精灵，约得千遍，方能练熟，若不熟练，还是千遍。”③习武者欲进入高明之境，不仅需要这种专练、苦练的精神，更需要持之以恒的投入。但持之以恒绝非每天固定时间呼朋携友地“走过场”，而是要不骄不躁，以谦谨之心处处探求武学之道。其实，“任何成就莫非人心自觉之力”④，武术亦然，好功夫都是习武者凭其高度的真诚与自觉在独处中得来的，“在墙根阴影里练，在家里，在荒郊野外，在晚上……野兽养崽般躲起来”。⑤他们以慎独之心全力践行，“于独处微处，识得天命之性，时时体认，扩充涵养，大化神圣，使自我成为心地宽平、见识高远、规模宏大的精神存在者”。⑥

传统武术体悟互成的身心伦理，也有助于习武者养成慎独境界。李仲轩说：“练熊形要先把自己当成一个重病患者，这个身体已经经不起折腾了，要很小心地体会自己——这是孔子讲的‘慎独’，知道自己在干什

---

① 梁漱溟.人心与人生[M].2版.上海：上海人民出版社，2011：143.

② Hans Bonde. Return of the Ritual: Martial Arts and the Young's Revolt Against the Youth Rebellion[J]. The International Journal of the History of Sport, 2009, 26(10): 1523—1539.

③ 徐震.苌乃周武术学[M].太原：山西科学技术出版社，2006：63.

④ 梁漱溟.人心与人生[M].2版.上海：上海人民出版社，2011：68.

⑤ 徐皓峰，徐骏峰.武人琴音[M].韩瑜，口述.北京：人民文学出版社，2014：94.

⑥ 司马云杰.心性灵明论：关于人文精神与心性本体论的研究[M].西安：陕西人民出版社，2006：600.

么，知道自己怎么了。”①练习其他动作亦然。如此，习武者在长期细致、谨慎地自我调整、体悟中，就会获得技术智慧和精神洞见，从身与心两方面塑造自己，逐步进入慎独的道德境界。也即，慎独是实践出来的，如亚里士多德所言，“真正的道德只有通过实践才能获得”②，因为只有长期的实践才能固化自己的行为倾向，将行为之“理”内化于身，并在日常生活中自然流露。这也是传统武术训练之所以能助推习武者走向慎独境界的原理所在。

慎独不是自我封闭，但慎独中积累出的心得和经验却易让人自视珍贵。尤其身心伦理相关经验较少受外界影响而失效，也就更易酝酿出迂腐保守的观念。所谓“传拳不传功，传功不传诀”，这种保守观念对外人尤甚。比如，唐维禄的徒弟李仲轩曾向张鸿庆习武，因为没有向他拜师，所以他教时没假话，却从不深讲心得体会。③同样地，李仲轩说，学到形意的桩功很难，如果师父不愿意传，往往让你一站，说点“放松”一类的话，就不管了。比如，站浑圆桩，都知道两眼不是平视，要微微上瞟，但瞟什么？瞟来做什么？能回答出这两个问题，才是李存义的徒弟，否则他老人家开国术馆，一班一班教的学生很多④，岂不都成了徒弟。此处的“瞟什么？瞟来做什么？”就是典型的传统武术身心伦理内容，这种心得或要诀对于浑圆桩训练至关重要。很显然，即使像李存义这种为武术传播做出过重要贡献之人，对于得来不易的心得或要诀同样是有所保守的。其他觉悟较低的习武者，自然更易形成迂腐保守观念。

2. 提供了“深层自我”的表达路径，也滋生了自我专制主义的倾向

个体性自我意识的觉醒酝酿了人类的精神文明，“使具有独立意志

① 徐皓峰.逝去的武林：一代形意拳大师口述历史[M].李仲轩，口述.海口：南海出版公司，2009：146.

② 汤浅泰雄.灵肉探微——神秘的东方身心观[M].马超，等，编译.北京：中国友谊出版公司，1990：20.

③ 徐皓峰.逝去的武林：一代形意拳大师口述历史[M].李仲轩，口述.海口：南海出版公司，2009：249.

④ 徐皓峰.逝去的武林：一代形意拳大师口述历史[M].李仲轩，口述.海口：南海出版公司，2009：113.

和自由思想的人成为可能，使精神上的创造成为可能，因而大大推动了精神文明的进展”。[①]但在以儒家文化为主导的传统中国，“中国人的主体精神、自我意识在历史上一直是匍匐前行，追求自我解放的启蒙过程漫长而艰辛。除少数精英外，历史上绝大多数人的自我都处于湮没或半湮没状态：或湮没于贵贱等级森严的社会群体，或湮没于自然的混沌整体”。[②]明末李贽等人的悲惨经历，就是封建社会中人的个体性自我意识被压制的典型反应。“如果让人的个体性一味淹没在普遍性、社会性之中，如果找不到一条显示个体性的具体途径，则对于个体性的重视，对人的尊严的关怀，只能是徒托空言。”[③]在此背景下，传统武术以其深蕴“技术智慧和精神洞见”[④]的身心伦理，极大地激发了人们个体性自我意识的觉醒，为人们主体精神空间的开掘，个体性的发展，以及内在生命深度的凝练，提供了一条重要路径。

传统武术练习一向强调“入规矩而脱规矩，脱规矩而化规矩”，最后则“只求神意足，不求形骸似”。正是在这种“形质神用”的追求中，传统武术从单一走向丰富，从外在走向内在，从浅显走向深奥，为“深层自我”提供了一种表达的路径。比如，太极拳家陈鑫说：“吾身中自有本然之阴阳开合，非教者所能增损也。复其本然，教者即止。”[⑤]形意拳家郭云深在谈形意拳练精化气、练气化神、练神还虚的三层道理时，也指出练神还虚是“练之以变化人之气质，复其本然之真也”。[⑥]可见，练拳的过程就是发现自我、表达自我的过程，也即佛家所说“明心见性”的过程。

对于“深层自我”的表达，首先表现为习武者在练拳用技过程中对于自身节奏的发现与运用。比如，李仲轩说：“五行拳是一个动作一条直线地打下去，无限重复，不是为了‘一招熟’，是为了练那个潜在的节奏，有

---

① 唐翼明.中华的另一种可能：魏晋风流[M].北京：民主与建设出版社，2014：21.

② 张世英.觉醒的历程：中华精神现象学大纲[M].北京：中华书局，2013：174.

③ 张世英.中西文化与自我[M].北京：人民出版社，2011：51.

④ Allan Bäck. The Way to Virtue in Sport[J]. Journal of the Philosophy of Sport, 2009, 36(2)：217—237.

⑤ 陈鑫.陈氏太极拳图说[M].太原：山西科学技术出版社，2005：85—93.

⑥ 孙禄堂.孙禄堂武学录[M].孙剑云，编.北京：人民体育出版社，2000：281.

了节奏，人才会越来越强。‘轻出重收’时，每个人和每个人还不一样，总有差别，越练就越和自己的天赋、形体般配，所以练形意拳是越练越有自己。有了自己，人就越来越强。”①其次，对于“深层自我”的表达，还表现为拳术劲力的不同。拳术劲力是习武者人性的反映，前已阐述。但这并不是说我们可以在诸多拳种中只保留一个拳种，让大家都练同一个拳种，这也不符合人性的需要。此正如程宗猷所言：“古人制艺必立一意，吾人资性，各有所长，岂可尽废。”②事实上，习武者选择合适自我拳种的过程，本就是发现自我本性倾向的过程。

体悟互用的身心伦理，使得习武者发现“深层自我”成为可能。不同的习武者在习练同一拳种的起初阶段，往往并无太大差别。可是在“心专身恒”的持续磨砺中，习武者偶有所悟，便在悟上起修，修炼之后又有所悟，又以所悟心得为指导进一步修炼。由于在不同的习武者那里，悟的指向性不同，甚至差异较大，所以在悟上起修、修中又悟的循环中，不同习武者的武术修炼就越来越趋向于自己的本性，相互之间的差别也就越来越明显。不同习武者的“深层自我”由此得以被开掘出来，并不断彰显。

习武者的“深层自我”得以表达，整体上有助于促进传统武术的深入发展，尤其在个体性自我意识受到严重压抑的时代，更为难能可贵。但是，任何事情有利必有弊。对某些习武者而言，“深层自我”的表达，却滋生了自我专制主义的倾向。自我专制主义是对唯我独尊、个人主义、极端人类中心主义等弊病的统称。所谓“苦练是基础，巧练是门道”，每一个能够在武术中发现“深层自我”的习练者，都是有较高悟性并付出了极大努力的人，他们习武心得的一点一滴都来之不易，由此便容易生发出一种唯我独尊的心态，对于其他习武者的心得体会抱有不屑甚至蔑视心理，不尊重他人，对自己的徒弟或后辈尤甚。同时，由于这些习武者对自我内在的生命有着精深的体验，在唯我独尊中还容易走向对自我的吹

---

① 徐皓峰.逝去的武林：一代形意拳大师口述历史[M].李仲轩，口述.海口：南海出版公司，2009：53—54.

② 程宗猷.少林棍法阐宗[M].太原：山西科学技术出版社，2006：109—110.

胀、绝对化，甚至神化，由此，更为严重的个人主义甚至极端人类中心主义得以滋生。

3. 造就了传统武术极强的超越意识，也形成了一些过于玄虚的思想

中国传统伦理认为，人性之中具备了道德的一切要素，“万物皆备于我”，“反身而诚，乐莫大焉”。因此，全部道德生活的实质就是如何克己修身，反求诸己，成己成人，修己治人，于是形成了中国伦理的修养传统。“修养”的实质就是不断超越自身。①传统武术作为传统文化的重要组成，其身心伦理同样具有修养的传统，具有极强的超越性。心专身恒和体悟互成，是传统武术走向超越的路径和方法。在传统武术的修习之路上，习武者以心专身恒的要求不断探究，长时间的体验与修习促成“悟”的到来，之后又以所悟为指引，进行更为深入的修习，于是在“练以累积、悟以升阶”的循环中不断超越自我。这期间，又以“身心和合、形质神用、阴阳相济”等身心伦理作要求，习武者终于逐步“阶及神明”，接近甚至进入“明心见性”的境界。当然，在传统武术的超越之路上，“‘明心见性’亦是开始，因为有佛处还需急行走，莫停留”。②可见，从佛家的角度，习武者在不断超越自我的过程中，深明《金刚经》“凡所有相皆是虚妄。若见诸相非相，即见如来”之意，秉持“一切有为法，如梦幻泡影，如露亦如电，应作如是观”的主张，以“无所住而生其心”的魄力，一路得，一路扫，最终得无可得，正所谓“成道亦无得，本性圆满故”（《圆觉经》）。此时的“无得”不是普通意义上的“什么都没有得到”，因为此时的习武者已进入“真空妙有，空有不二”的生命境界。

传统武术由于具有极强的超越意识，也就容易形成一些过于玄虚的思想。这是因为，人们在追求明心见性的过程中，很多心法是从他处学来的，习武者对这些心法往往并不清楚其原理，但只要照着做便会生出一些预期的效果，也即“灵验”。“我们说‘灵验’，就是说含有一种不可知的魔力在后面。依照着做就有福，不依照了就会出毛病”③，于是人们对

① 张岱年，方克立.中国文化概论[M].北京：北京师范大学出版社，2004：226.

② 蓝晟.国学与太极拳[M].北京：当代中国出版社，2011：37.

③ 费孝通.乡土中国[M].北京：北京大学出版社，2012：85.

这些心法渐渐生出敬畏之感，对于师父所传的传统武术超越之路会盲从甚至迷信。同时，一些拳谱往往把传统武术的身心伦理描绘得神乎其技，这更加容易导致习武者形成过于玄虚的思想。其实，拳谱作为武术实践经验的总结，本身包含着很多非常合理的内容。拳谱撰写者在叙述这些内容时，自然会根据自己的经验、推测和想象提出一些向前发展的理论，这些理论为后来者指明了进一步修习的方向。但在古代，限于认知水平和客观条件，这些所谓向前发展的理论往往是不科学的，甚至是过于玄虚的。如此，习武者在拜读拳谱的过程中，基于对拳谱和拳种的崇拜心理及迷信观念，往往非常容易地就接受了这些玄虚的思想。他们甚至为了突出本拳种的优势，或者为了满足自己的虚荣心，而添枝加叶，使得那些本就玄虚的思想更为不切实际。这种例子在拳谱中，在习武者的口口相传中，比比皆是，致使武术有时几近神话。

4. 强化了习武者以和为贵的伦理观，也助长了圆熟含混的处事态度

传统武术的修习内容具有竞争性，但真正的习武者却并不强调竞争①，这是因为传统武术阴阳相济、身心和合的伦理取向，强化了习武者以和为贵的伦理观。所谓阴阳相济，主要指阴与阳相互协调和补充。在“心专身恒”的长期坚持下，对“阴阳互根、亦一亦二”的阴阳相济之道有深刻体认的习武者，心态也会向厌恶暴力、以和为贵的方向转变。这是因为人们发现，即使阴与阳也是对待互根、不可分离的，天底下哪还有什么可绝对对立的事物。同时“亦一亦二”的观念又告诉人们，阴与阳不但相互不能分离，本来就你中有我、我中有你，互为一体。因此，武术修习才需阴阳相济，追求松中紧、柔里刚、沉而灵等亦一亦二、相济相合之道。用梁漱溟的话说，就是“无处无阴阳即无处非调和，而此一阴或一阳者又各为阴阳之和。如果是上下左右推之，相对待相关系于无穷。相对待固是相反而即是相成，一切事物都成立于此相反相成之调和

① Allan Bäck. The Way to Virtue in Sport[J]. Journal of the Philosophy of Sport, 2009, 36(2):217—237.

的关系之上;纯粹的单是没有的,真正的极端是无其事的”。[①]深受此观念熏陶的习武者,在处理伦理关系时,大多会“想得很周全,本能地奔着阴阳兼顾去走,在阴阳兼顾中、在通盘考虑后,寻求那条最合理的道路”[②],即以和为贵。

身心和合的伦理取向,对习武者养成以和为贵的伦理观影响明显。习武者修习传统武术需以“六合为法”,追求心、意、气、力与四肢百骸间的全面和谐。唯其如此,才能将自己的身心关系置于最佳状态,使武术发挥最佳效用。换言之,和谐是身心关系的最佳状态。如此,深明此道的习武者在处理各种伦理关系时,便会将和谐作为最佳选择,从而表现为传统武术身心伦理强化了习武者以和为贵的伦理观。以形意拳名家耿诚信为例,他自述习武时气质变化之经过,从刚开始“往往与人无故不相和”,到“每见同道之人,无不相合……还有一点吝啬之心”,再到“无有彼此之分,门户之见,遇有同道者,无所不爱,或有练习未及于道者,无不怜悯而欲教之……此时方知形意拳是个中和之道理,所以能变化人之气质而入于道也”。[③]可见,对于深体武术之道的习武者而言,传统武术的身心伦理确有强化习武者以和为贵伦理观的作用。

但对某些习武者而言,传统武术身心伦理却助长了他们圆熟含混的处事态度。由于阴阳相济身心伦理的长期陶化,习武者在处理伦理关系时习惯兼顾阴阳,甚至亦一亦二,阴中有阳、阳中有阴,以求圆满。而当这种“圆满”的标准把握不当时,习武者便可能走向圆熟含混、模棱两可的一面。同时,在体悟互成的过程中,对于所悟所得应该是不执著的,否则便无以明心见性,进入炼神还虚的化境。这种“凡所有相皆是虚妄”(《金刚经》)的不住、不执、不取的态度,加上“虽应不执著于外相,但也不能否定‘相’的存在”[④]的修习原则,在有些习武者那里便演化成了“无可无不可”的圆熟含混的处事风格。

---

① 梁漱溟.东西文化及其哲学[M].北京:中华书局,2013:126—127.
② 李新.注定不一样的中国思路:原初[M].北京:中国言实出版社,2015:11.
③ 孙禄堂.孙禄堂武学录[M].孙剑云,编.北京:人民体育出版社,2000:317.
④ 金刚经·心经·坛经[M].陈秋平,尚荣,译注.北京:中华书局,2007:10—11.

5. 增进了习武者不假外求的自足感，也妨碍了武术认知理性的发展

中国传统哲学，至少是主流派哲学认为，人的心灵从根本上说是完善的、自足的，或者用王阳明的话说，是“完满自足”的。中国哲学所说的心是上通“天道”“天德”的，心与世界本原或本体是相通的。“只心便是天”(程颢语)，因此，人不需要到心灵之外去寻找什么“实体”或“原型”，全部问题都要在心灵中解决。[①]以此为背景，传统武术形成了具有浓厚中国文化特色的身心伦理观念，这些观念又进一步加深了传统武术对于身和心的看重，增进了习武者不假外求的自足感。

进一步分析，传统武术身心伦理之所以能增进习武者不假外求的自足感，主要出于两方面原因。一是，习武者依照身心伦理的要求修习传统武术，获得了身心的健康和技击能力的提升，赢得了社会的尊重，在一定意义上实现了自我价值，体验到习武之“乐”。这促使他们更为潜心研究、践行身心伦理而不假外求。二是，对传统武术身心伦理体会越深的习武者，往往越易形成不假外求的自足感。他们通过修习，得以切实体察形质神用之妙、身心和合之法、阴阳相济之道，这其中所收获的身心愉悦，不仅是因躬身践履、持之以恒而每有所悟的欣喜，更是得体先贤之言、得感生命之妙、得窥天地大道的满足。

“欣喜”和“满足”都是发自内心的“乐”，孟子说“万物皆备于我矣，反身而诚，乐莫大焉”(《孟子·尽心上》)。“乐”本是自家所有。当王阳明说“乐是心之本体”时，他是把情和知统一起来的。这种体验是“为己”，而不是“为人”，即为了自家“受用”，正所谓“如人饮水，冷暖自知”(禅家语)。程颢说：“学而至于乐则成矣。”学而至于乐，就是完成生命的体验，得到情感的升华，提高精神境界，享受到人生乐趣。[②]所以说到底，正是在这“为己”的自家“受用”之“乐”中，传统武术身心伦理增进了习武者不假外求的自足感，使得他们“只求自身修练，不图外在表现”。[③]

---

① 蒙培元.心灵超越与境界[M].北京：人民出版社，1998：69.

② 蒙培元.心灵超越与境界[M].北京：人民出版社，1998：24.

③ Michael Monahan. The Practice of Self-Overcoming: Nietzschean Reflections on the Martial Arts[J]. Journal of the Philosophy of Sport, 2007, 34(1):39—51.

自足感是一种“体验”，体验并不需要理论论证，也不需要客观证据，它是心灵自身的内在“感受”，是自证自明的。它是为了自家“受用”，不是为了给别人看，故能享受到最大的精神愉快，这就是所谓“乐”①。这种“乐”进一步强化了习武者的内向性②，使得他们缺乏竞争意识，缺少认知理性。所谓认知理性，即人们对客观事物及其因果关系、规律的认识能力，它所重视的是概念的分析和逻辑的推理，人们通常称之为“理智”。③这明显有别于着重内心体验、关注主体践履的实践理性。不仅如此，受中国传统文化内倾封闭和追求完美的倾向所影响，习武者往往忽视甚至鄙视认知理性的作用，或者“虽不看轻知识，但也不以求知识为出发点，亦不以求知识为归宿点”④，而是注重对于前述之“乐”的追求和体验。⑤同时，习武者对于传统武术的身心活动尽管“缺乏认知层面的清晰理解和边界明确的逻辑把握，然而其操作性的内向体验在某种意义和一定程度上”⑥却具有实效，这更加妨碍了传统武术认知理性的发展。

小　结

与世界其他区域文化相比，中国传统文化具有典型的内倾特质，尤其关注身心伦理，并在历史的磨砺与激荡中，将其高度哲学化，形成心本体论，使得心同宇宙本体直接贯通起来。中国传统武术承继了这种文化特点，并以其始终如一的高度实践性，将习武者的身心伦理努力引向注重道德理性、强调内省修养、突出主体意识、推崇自我超越、追求理想人格、享受生命之乐的发展方向。当然，任何事物均具有两面性，文中就此

① 蒙培元.心灵超越与境界[M].北京：人民出版社，1998：60.

② 郭玉成，李守培.武术构建中国国家形象的定位研究[J].北京体育大学学报，2013，36(9)：9—18.

③ 高晨阳.中国传统思维方式研究[M].北京：科学出版社，2012：221.

④ 梁启超.儒家哲学[M].北京：北京大学出版社，2010：4.

⑤ 李守培，郭玉成.中国传统武术天人伦理的历史形成研究[J].体育科学，2016，36(12)：77—84.

⑥ 阮纪正.至武为文：中国传统武术文化论稿[M].广州：广州出版社，2015：311.

也提示出传统武术身心伦理可能形成的负面影响。显然，对于传统武术这一中国传统文化全息载体的身心伦理问题进行系统研究，深入剖析它的主要内容、形成缘由和历史影响，其意义已不仅仅停留在武术技术修习和武术哲理探讨层面，而是扩展至人类身心如何安放的生命关怀之境，展现着充满历史底蕴的传统武术身心伦理的当代价值。

第三章　传统武术天人伦理的历史形成

天人关系，也即天人伦理，是中国古代伦理学说的核心问题之一。天人伦理，着力思考的是人在宇宙中所处位置的问题，也即人生之根本意义和价值的问题，是整个中国“传统文化价值系统的逻辑起点”①，对于中国传统文化的发展，以及中国人的思维模式、行为方式、审美情趣和价值取向等均具有重大影响。

传统武术中的天人伦理，对传统武术的技术和理论发生了全面的、根本性的影响。通过这些影响，其致力于解决的是习武者如何安身立命的问题，试图为习武者的生命或者说心灵找到最理想的安顿之处和安顿之法。然而，当前已有研究在谈及武术的天人伦理时，却大多停留于“天人合一”的惯常表述，鲜有研究对其核心观念进行深入剖析，并系统探讨其形成缘由和历史影响。鉴于此，本章将从核心观念、形成缘由、历史影响三方面展开，以中国传统哲学、伦理学相关理论为支撑，系统探讨传统武术天人伦理的历史形成问题。

文中所谈传统武术中的“天”，主要是指自然之天和道德之天，基本不包含宗教中所谓神灵、上帝之类的主宰之天。其中的自然之“天”，是对天地之间自然万物的统称，而不单指纯粹的“天、地”之“天”。但在具体行文中，根据语境需要，有时也会用天地、天地万物、自然万物等词汇，来代指“天”的称谓。

---

① 张岱年，方克立.中国文化概论[M].北京：北京师范大学出版社，2004：304—305.

一、传统武术天人伦理的核心观念

1. 天人合德:生生大德、仁之源也

《易传》谓“天地之大德曰生”,一语道破天地的生生精神。生生精神是天地万物可久可大的根本,没有它,天地万物就不复存在,也即“生”是天之性,是天之心。但“天无心,心都在人之心”(《经学理窟·诗书》),人之心为“仁”,则能“生物”;人之心不为“仁”,则无以“生物”①。所以,“仁本生意”(《朱子语类》卷六八),生生大德、生生精神实为“仁之源”。明末大儒刘宗周说,“盈天地间只是个生生之理,人得之以为心,则为仁”(《刘子全书》卷八),更为清晰地阐明了“天人合德”“生为仁之源”的伦理观。

传统武术创造性地吸取了传统文化中天人合德的伦理取向,不仅以“生”为本,而且强调“仁”的精神。从先秦至民国,绵延数千年,传统武术的技术和文化由单薄而至深奥,社会功能也越来越丰富,但归根结底始终是一种用于保护生命的技术,技击始终是其最核心的价值。在历代习武者穷思竭虑的研究中,新的拳种不断创生,新的流派不断出现,这中间尽管有着创拳开派者各种各样的现实考虑,如标新立异、注重审美等,但说到底都是以技击保命为根本诉求。没有了对生命的重视和保护,传统武术也就丢掉了自身的精髓,难免被人讥笑为“满片花草”。可以说,传统武术正是为“生”而存在,为“生”而发展,生生大德正是武之大德。

传统武术对“生”的关怀具有全面性和博大性。传统武术中不仅有太极拳、查拳等常态拳种,还有跛子拳、武松独臂拳、武松脱铐拳等专为特殊人群设计的拳种,可见其“众生平等”之“仁”的全面性。传统武术不仅有猴拳、虎拳等象形拳种,还有白鹤亮翅、金鸡独立等象形招法,这些拳种、招法体现了对自然万物生命精神的普遍关注,可见其“生”之精神的博大性。《周易·系辞下》言:“穷则变,变则通,通则久”。宇宙万物在持续的变通中大化流行,生生不已,传统武术的技法构成也在五行生克、

① 张耀南.“大人论”——中国传统中的理想人格[M].北京:北京大学出版社,2005:130.

阴阳消长的不变而变、变而不变的"通变思维"①中彰显着"生"的精神。

传统武术对于"生"的关注、"仁"的强调，还体现在各门各派的武德约律中。比如，众所周知的"八打八不打"的规定，便体现了传统武术习练者的好生之德，即使在不得已而用技的过程中，也需打有轻重、打有选择，绝不可轻易致人伤残。另外，各种强调仁、义、礼、智的武德约律更是不胜枚举，如戳脚翻子门的《五不传诫言》中有"不忠不孝者不传，不仁不义者不传，无礼无信者不传"的规定。②总之，正所谓"夫大人者，与天地合其德"(《易经·文言》)，传统武术正是以"先立乎其大"(陆九渊语)的精神，"循生生之道、助生生之气、究生生之技、求生生之效"③，体"天"之生生大德，弘"人"之仁爱之心。

2. 天人交胜:参赞化育、相待相成

从《中庸》"参赞化育"的思想，到荀子"明于天人之分"的主张，再至柳宗元作《天说》，以及刘禹锡明确提出"天与人交相胜"的论点，中国传统文化中"天人交胜"的思想逐渐形成。这一思想不仅"明于天人之分"，而且明确指出人与天各有其"能"与"不能"，充分肯定了人的主观能动作用和社会特性，高扬了人的主体性。但荀子、刘禹锡等人并未因此"把天人看成敌对的关系，而是看成相待相成的关系，人待天而生，天待人而成，人是天的产物，而经过人的努力，可以使天达到更完满的境界"。④

这种"天人交胜"的思想，对传统武术的天人伦理产生了重要影响，使得习武者没有像程明道所说"人特自小之"(《二程遗书》卷十一)，而是秉持不卑不亢的精神，主动在天地万物之间参赞化育、成己成物。习武者的生命气象由此而顶天立地，足以浩然与天地同流。这在传统武术中有很多具体表现。

第一，在古人"巍巍乎，唯天为大"(《论语·泰伯》)的普遍认知中，习

---

① 田辰山.中国辩证法:从《易经》到马克思主义[M].萧延中，译.北京:中国人民大学出版社，2008:1.

② 张大为.武林丛谈[M].北京:当代中国出版社，2013:68.

③ 阮纪正.至武为文:中国传统武术文化论稿[M].广州:广州出版社，2015:310.

④ 张岱年.中国伦理思想研究[M].南京:江苏教育出版社，2009:153.

武者并没有完全以天为师，拜倒在天的威严之下，而是最大限度发挥人的主观能动性，挥拳踢腿，与天地争胜，与万物争雄，使人在群兽环伺的恶劣环境中得以生存，使人成其为万物之灵，“最为天下贵”（《荀子·王制》）。第二，习武者在肯定“天有其能”的基础上，主动以天为师，象天法地、师法自然，但却并未“邯郸学步”，而是在吸收自然万物特性的基础上，加以改造和利用，使天道内化于人道，成为人道的一部分，为人道所用。第三，在习武者的生命境界里，天地万物并不完全是孤零零地被融摄进来加以改造，天地万物之间也常常在阴阳消长、五行生克、八卦相荡中彼此关联，于是，习武者便不仅仅是“摄取宇宙的生命来充实自我的生命，更而推广其自我的生命活力，去增进宇宙的生命，在这样的生命之流中，宇宙与人生才能交相和谐、共同创进，然后直指无穷、止于至善！”①

3. 天人相类：宇宙全息、比附顺应

中华民族的祖先们在很早的时候就树立起“类”的观念，以“方以类聚，物以群分”的思路观察和分辨天地万物，并通过一些意象的象征来比附类推，以期预测并把握大化流行的规律。汉代的董仲舒根据当时的政治需要，宣扬“天人感应”的理论，提出“天人相类”的观点，认为“天地之符，阴阳之副，常设于身，身犹天也”，“观人之体，一何高物之甚而类于天也”（《春秋繁露·人副天数》），即人和天之间有一种对应性。

人和天之间确实有一种非常微妙的关系，有许多可以相对应的方面，如“五运六气对应人的五脏六腑，这是一种宇宙全息论学说，即宇宙内的一切事物之间（比如天人之间）存在着某种相互契合互根互构互补互彰的关系。人本来就是自然的一部分，这个部分和整体之间没有契合关系是不可能的，就像子女身上不可能不承袭父母身上的若干因素一样”。②“宇宙全息论”在当代作为一个新概念最早由著名量子物理学家戴维·玻姆在《整体性与隐缠序：卷展中的宇宙与意识》③一书中提及，由诸

① 方东美.中国人生哲学[M].北京：中华书局，2012：172.

② 辜正坤.中西文化比较导论[M].北京：北京大学出版社，2007：75.

③ 玻姆.整体性与隐缠序：卷展中的宇宙与意识[M].洪定国，张桂权，查有梁，译.上海：上海科技教育出版社，2004：1.

贝尔奖得主G·霍夫特于1993年正式提出。当然,这并不意味着董仲舒的"天人相类"理论就是完全正确的,恰恰相反,其理论之中确实有很多在今天看来是错误的内容。但我们应历史地看待它,努力理解其中的深层蕴含,毕竟这些内容在古人的意识里,曾是极其严肃的。

传统武术中有很多天人相类的观念,如《人身太极解》中言:"人之周身,心为一身之主宰。主宰,太极也。二目为日月,即两仪也。头像天,足像地,人中之人即中脘,合之为三才也。四肢四象也。"①表面看来,这些说辞似有附会之嫌,但当我们置身于明清甚至民国时期的文化场景中,似乎就可理解其中的合理性了。在那个时代,天干、地支、无极、太极、阴阳、两仪、三才、四象、五行、六合、七星、八卦、九宫等理论是整个中国传统文化的关键词,"在长长的历史中,它凭借着仪式、象征和符号在人们心目中形成了一整套的观念,又由于类比和推想,渗透到一切的知识与思想之中"②,建构了知识与思想的"秩序"。太极拳、形意拳、八卦掌、六合拳等诸多拳种,正是借助它们,确定了其武学依据,规定了其拳技名目,明确了其存在的合理性。整个中国传统武术也正是借助它们,建构了其天人伦理,从而不再是肤浅的"杀敌保命的勾当",而是可以直通天地大道的"国术"。

在天人相类观念下的天人伦理,主要是一种人对于天的比附顺应的关系,将人视作天的副本,正如董仲舒所谓"人之为人,本于天"(《春秋繁露·为人者天》);认为人的行为应顺应天的变化,比如,"心意拳练功意守要根据四季变化的不同而变化,春、夏、秋、冬练功分别意守肝、心、肺、肾"。③这中间一方面包含着顺天应道的养生思想,另一方面也将天与人紧密地关联起来,表达着天人合一、技进乎道的文化期望与理想。

4. 天人互融:格物穷理、融摄超越

《皇极经世·观物外篇》指出,"万物受性于天而各为其性也,在人则为人之性,在禽兽则为禽兽之性,在草木则为草木之性",即人性与万物

---

① 王宗岳,等.太极拳谱[M].沈寿,点校考释.北京:人民体育出版社,1995:145.
② 葛兆光.中国思想史(导论)[M].2版.上海:复旦大学出版社,2013:37—38.
③ 程庆余.戴式心意拳秘谱解读[M].北京:人民体育出版社,2014:84.

之性都源自天，由天道一以贯之，人可以感通自然万物之性。而且，心性与天理也是同一的，因为“在天为命，在义为理，在人为性，主于身为心，其实一也”(《河南程氏遗书》卷十八)。如此，天理“不再是一种完全外在的、客观的本体”①，人们认识、把握、践履“天理”的行为由外在转向内在，成为一种主体诚己的内在自觉行为。人们面向自然万物，对于天命赋予万物各自的性或者说理，可以周察不遗、格物穷理、感而会通的方式，尽心知性、知性知天，通达天道，实现人与天的沟通。

这种对于天、道、性、命、理、心的综合认识，奠定了传统武术沟通天人、通达天道的理想模式与路径形式。传统武术特别强调格物穷理，希望能探究天地万物之理，融摄天地万物优良性能，做到“揽彼造化力，持为我神通”(《赠僧崖公》)。这中间特别突出“感通”的重要性，体现了习武者“对于深层自我的主动把控”。②李仲轩说：“人在天地万物中会受感动，有感动就有功夫。一感动，拳架子里头的东西就不一样了。到时候，琴棋书画、山河美景、禽兽动态都可以借来入象。”③又说：“形意拳是天成的一片风景，要体察它，不能练它。拳是我练出来的——错，拳是碰到的，冷不丁发现的，意外相逢的，而且永远天外有天。打形意拳，会觉得自己渺小，人在高山大海前也会自感渺小，油然而生敬畏之心。高峰坠石、浪遏飞舟——这种天地间的惊人之举，在形意拳中都有。练形意的人通过练拳，渐渐地就感知天命了。形意进入了高功夫，必定慈眉善目。什么是慈悲？这个人感知了天命，思维和常人拉开了距离。什么是悟性？悟性就是感天感地，把天地间的东西贯通在自己身上。形意拳不是人教的，是天教的。”④可见，传统武术通过格物穷理、象形取义，与天地万物相感通，在不断的感通中，摄天地万物之理，进而超越万物，超越自身。

---

① 李承贵.德性源流：中国传统道德转型研究[M].南昌：江西教育出版社，2004：36—37.

② Max J. Skidmore. Oriental Contributions to Western Popular Culture: The Martial Arts[J]. The Journal of Popular Culture, 1991, 25(1)：129—148.

③ 徐皓峰.逝去的武林：一代形意拳大师口述历史[M].李仲轩，口述.海口：南海出版公司，2009：62—63.

④ 徐皓峰.逝去的武林：一代形意拳大师口述历史[M].李仲轩，口述.海口：南海出版公司，2009：147—148.

5. 天人一体：万物并行、太和高远

“天人合一”的思想发端于先秦，至宋明而到顶峰。宋明理学家们提出人与天地万物为一体的思想学说，如程颢认为“仁者以天地万物为一体，莫非己也”(《河南程氏遗书》卷二上)，朱熹强调“仁者，与天地万物为一体”(《朱子语类》卷三十二)，王阳明更是为了讲“天地万物一体之仁”而于晚年专著《大学问》一书。他们不仅大力倡导“万物一体”的境界，还将其视为“大仁”，也即万物“一体之仁”(《王文成公全书·大学问》)，其调整的是人与物、物与物之间的关系①，明显不同于平常所谓“仁者爱人”(《孟子·离娄下》)层面上的人际伦理之仁。

传统武术在“天人合一”思想尤其宋明理学“万物一体”“一体之仁”思想的影响下，形成了“天人一体”的伦理观念。在“天人一体”的伦理观中，习武者逐步迈入“太和”的高远之境。在这里，“万物并育而不相害，道并行而不相悖”(《中庸》)，习武者与自然万物浑然一体、契合无间；在这里，“千江有水千江月，万里无云万里天”(《嘉泰普灯录》卷十八)，习武者“心无挂碍，无挂碍故，无有恐怖，远离颠倒梦想，究竟涅槃”(《心经》)。《秘授歌》言“无形无象，全体透空；忘物自然，西山悬磬；虎啸猿鸣，泉清河静；翻江搅海，尽性立命”，与此接近；形意拳言“拳无拳，意无意，无意之中是真意”，与此仿佛。总之，用张载的话说，就是“合内外，平物我，此见道之大端”(《经学理窟·义理》)。

“天人一体”是一种伦理，也是一种境界。若用形意拳的“三层道理”来描述，当然应该属于“练神还虚”的层面。习武者由此得以明心见性，复还本然之真。或者也可颠倒来说，正因为习武者得以明心见性，“常应常静，常静常应，本良知良能面目，复还先天”②，才进入了一个天人一体的境界。此时的“我”是禅宗所谓能“见山只是山，见水只是水”的“真我”，而非主客二分式中的“自我”。此时的我“心中寂空，旁若无人，无念无想，浑然与天地融为一体，虽姿势千变万化，然不勉而中，不思而得，所

① 张耀南.“大人论”——中国传统中的理想人格[M].北京：北京大学出版社，2005：124.

② 孙禄堂.孙禄堂武学录[M].孙剑云，编.北京：人民体育出版社，2000：170—171.

谓从容中道者是也”。[①]总之，“天人一体”的思想是宇宙关联性最高的伦理体现，它既指示出个人对关联整体的义务，也指示出追求整体的和谐是人的根本目标。[②]所谓“保合大和，各正性命”，才是我们宇宙全体应有的生命气象。[③]习武者在“天人一体”的伦理关联中，安谧、宁静、怡悦，终于安身立命。

二、传统武术天人伦理的形成缘由

1. 乡土社会对天浓厚的敬畏与归属感，奠定了传统武术天人伦理的基本格调

按照费孝通的观点，传统中国是一种“乡土性”[④]的社会。乡土社会中的人们大多生于斯、长于斯、死于斯，对土地具有极强的依赖性。一方面，他们“靠天吃饭”，靠自然万物养活，“把自己的生活、生产乃至整个生存都归功于天的赐予”[⑤]，对于“天”形成了浓厚的归属感。同时，乡土社会中的人们对于天地万物是极熟悉的，正如“一个老农看见蚂蚁在搬家了，会忙着去田里开沟，他熟悉蚂蚁搬家的意义”[⑥]，这种熟悉感进一步增强了他们的归属感。另一方面，乡土社会以小农经济为基础，四时的天气变化直接决定了人们的生活质量，这让人们对天具有敬畏感。而且，由于生产力低下，科学进展缓慢，人们相对较为蒙昧，对于自然界表现出的强大力量容易产生畏惧意识和迷信心理，这进一步增强了人们对于天的敬畏之情。

以此为背景，传统武术形成了它的天人伦理。这种对天浓厚的敬畏

---

① 徐皓峰.逝去的武林：一代形意拳大师口述历史[M].李仲轩，口述.海口：南海出版公司，2009：209.

② 陈来.中华文明的核心价值：国学流变与传统价值观[M].北京：生活·读书·新知三联书店，2015：32—33.

③ 方东美.中国人生哲学[M].北京：中华书局，2012：171.

④ 费孝通.乡土中国[M].北京：北京大学出版社，2012：9.

⑤ 唐凯麟，张怀承.成人与成圣——儒家伦理道德精粹[M].长沙：湖南大学出版社，1999：61.

⑥ 费孝通.乡土中国[M].北京：北京大学出版社，2012：11—15.

与归属感，奠定了传统武术天人伦理的基本格调。可以说，生长于乡土社会的习武者们，正因为对天有敬畏之情，才孕育了“天人相类”和“天人互融”的伦理观念；正因为对天有归属感，才酝酿出“天人合德”和“天人一体”的伦理观念；又由于在敬畏的过程中，不得不奋力争胜以求生存，便滋生了“天人交胜”的伦理观念。但整体来看，由乡土社会对天浓厚的敬畏与归属感所奠定的传统武术天人伦理的基本格调，是求和求合的。比如，就“刀”而言，人们往往习惯于称刀刃为天、刀背为地、刀锷为君、刀把为亲、刀鞘为师，天地君亲师也即天地人同在一把刀上，和合为一，不可分离，体现了人们对于天地浓厚而复杂的感情：刀刃锋利，为天，蕴含着敬畏感；刀背柔钝，为地，包藏着归属感；刀鞘为师，希望可借师之智慧约束自然万物，把握天地规律。

2. 中国传统文化追求“不隔”的传统，主导了传统武术天人伦理的发展方向

中国传统文化有追求“不隔”的传统，如先秦时期的荀子打通人伦和天地之理，指出“君臣、父子、兄弟、夫妇，始则终，终则始，与天地同理，与万世同久，夫是之谓大本”(《荀子·王制》)；先秦以降，宋明儒者更加推崇“不隔”，甚至将其作为一种人生境界来认识，如宋代张载认为“故天地之塞，吾其体；天地之帅，吾其性。民吾同胞，物吾与也”(《正蒙·乾称篇》)，明代王阳明强调“功夫不离本体，本体原无内外”(《传习录下》)。按照张耀南的观点，在中国传统文化中，这种以“不隔”之思维去看待、理解天地万物的观点，甚至可被称为“不隔主义”。“不隔”而能成为“主义”，正在于“不隔”是可以通行于中国文化各领域、各层面的根本原则。①

传统武术作为中国传统文化的重要组成部分，深受中国传统文化追求“不隔”的传统所影响，以致其最为核心的思维方式都是以“不隔主义为内驱力的”。②传统武术的思维方式积淀了武术文化最深沉的精神追

---

① 张耀南.“大人论”——中国传统中的理想人格[M].北京：北京大学出版社，2005：213.

② 李守培，郭玉成.中国传统武术的人文思维研究[J].武汉体育学院学报，2015，49(2)：52—57.

求，反映着武术文化的内在理路，决定了武术文化的发展方向，自然也就决定了其天人伦理的发展方向。换言之，是中国传统文化追求“不隔”的传统，主导了传统武术天人伦理的发展方向。传统武术的天人伦理因此而走上“不隔”的方向，逐步酝酿出天人合德、天人相类、天人互融、天人一体等典型的天与人之间“不隔”的伦理关系。其实，所谓“天人交胜”的传统武术天人伦理，在天与人“参赞化育、相待相成”的过程中，也是以一种天与人之间相互关联的、不隔的视角来看待的，而绝非天与人之间彼此无涉。

3. 顺天应道、自然有度的养生大原则，稳固了传统武术天人和合的伦理立场

中国传统养生思想在其数千年的历史进程中，逐渐形成了许多养生原则，不同流派的原则有相通处，也有差异处。为了提纲挈领、便于论述，我们用“顺天应道、自然有度”八字加以概括。

所谓“顺天应道”，是指养生不能违背自然规律，要按四时变化、天道规律来进行，如《黄帝内经》中的《灵枢·本神篇》指出：“故智者之养生也，必顺四时而适寒暑，和喜怒而安居处，节阴阳而调刚柔，如是则僻邪不至，长生久视。”所谓“自然有度”，是指养生应无过不及，追求自然之道。“自然”并不是指具体存在的东西，而是形容“自己如此”的一种状态。①传统养生要求人们“遵循生命本来的规律和智慧”②，以自然而然的态度尽性立命，如孙思邈在《千金要方》中指出，“性既自善，内外百病皆悉不生，祸乱灾害亦无由作，此养性之大经也”。“自然”中内含着“有度”的思想，“有度”中传达的无过不及、恰到好处的理念，本就是传统养生理论所极为强调的，如《黄帝内经》所推崇的“法于阴阳，和于术数，饮食有节，起居有常”，便不仅是在强调“自然”，更凸显了“有度”的要求。

传统武术对“生生大德”的看重，从根本上要求习武者注重养生，正所谓“详推用意终何在，益寿延年不老春”（《十三势歌》）。明清之际，传

---

① 陈鼓应.老子注译及评介[M].北京：中华书局，1984：30.

② 马家忠.仁术、中和与天道：中华文化身体学与生命伦理思想的多元历史建构[M].南京：东南大学出版社，2013：136.

统武术与军事武艺的逐渐脱离，致使传统武术的发展更为个性化、私人化，这更加强化了习武者注重养生的潜在要求。也正是在此意义上，明清以来的许多习武者本身就是养生方家。如此，传统养生思想大面积地、深度地渗透进习武者的武学理念中，对传统武术的天人伦理观念发生重要影响便成必然之势。

从“顺天应道、自然有度”的养生大原则来看，“顺天应道”的养生原则，主要影响的是传统武术的天人合德、天人相类、天人一体等伦理观念，体现了传统养生和传统武术对于天人和谐的共同追求；“自然有度”的养生原则，主要影响的是传统武术的天人交胜、天人互融等伦理观念，体现的是传统养生和传统武术对于修习者“返性葆真”、天人关系“和合有度”的共同坚守。总体来看，顺天应道、自然有度的养生大原则，稳固了传统武术天人和合的伦理立场。

4. 宋明时期格物穷理的主流学术思潮，强化了传统武术师法自然的伦理观念

宋明时期形成的格物穷理主流学术思潮，朱熹倡导尤甚，认为“为学之道，莫先于穷理”(《朱文公文集》卷四十)，“儒者之学，大要以穷理为先”(《朱文公文集》卷三十一)。按照他在《答江德功》一文中的思想，不格物穷理，便不能“顺性命之正而处事物之当”；格物的过程中，不能“至其极而后已”，便不能穷理尽知；不能“物理皆尽”，由量变而达质变，便不能廓然贯通。也就是说，格物穷理最终要实现的境界，不只是把握某一事物的理，也不只是把握所有事物的理，而是要达到“知之至”的“吾心之全体大用无不明”(《大学章句・补格物传》)。

宋明时期格物穷理的主流学术思潮，强化了传统武术师法自然的伦理观念。比如，形意拳名家宋世荣曾言：“练一形之中，将伊之性能，格物到至善处，用之于敌，可以循环无端，变化无穷，故能时措之宜也……虽然一物之性，能刚柔曲直，纵横变化，灵活巧妙，人有所不能及也。所以练形意拳术者，是格物十二形之性能，而得之于心，是能尽物之性也，亦是尽己之性也。因此，练形意拳者，是效法天地，化育万物之道也。”①陈

① 孙禄堂.孙禄堂武学录[M].孙剑云，编.北京：人民体育出版社，2000：302.

鑫在《太极拳推原解》中进一步指出练拳须格物穷理的缘由："斯人父天母地，莫非太极阴阳之气（言气而理在其中）酝酿而生。天地固此理（言理而气在其中），三教归一亦此理，即宇宙（太极是体，阴阳是体中之气。四方上下曰宇，古今往来曰宙）之万事万物，又何莫非此理。况拳之一艺，焉能外此理而另有一理。"①

传统武术习练者们也充分认识到格物穷理以致廓然贯通、参天配地的境界是极不易达到的，需要习武练技至穷神达化的程度方有可能，如《太极阴阳颠倒解》言："夫如人之身心，致知格物于天地之知能，则可言人之良知、良能……所谓人身生成一小天地者，天也、性也、地也、命也、人也、虚灵也、神也，若不明之者，乌能配天地为三乎？然非尽性立命、穷神达化之功，胡为乎来哉！"②可见，宋明理学的天人观对传统武术发生了重要影响，传统武术对于心、性、理等概念的理解，对于天人关系的态度，与宋明理学尤其程朱理学是整体一致的。

三、传统武术天人伦理的历史影响

1. 提供了一种体验"无限"的路径，也加重了习武者蹈虚附会的陋习

托尔斯泰说："我是什么？是无限的一部分。"③人本来或者说原初就生活于万物一体之中，与万物息息相通，是有了主客关系的思维方式之后才产生了人与万物之间的限隔，现在要进而在高一级的阶段上回复到万物一体，这就需要修养和陶冶，并非人人都能做到。④被人们视为"拥有深奥、神秘的意义和秘而不露的训练方法"⑤的传统武术，为习武者提供了一条体验"无限"、通往"无限"的路径，这条路径就蕴藏在其天人伦理的观念中。

---

① 陈鑫.陈氏太极拳图说[M].太原：山西科学技术出版社，2005：78.

② 王宗岳，等.太极拳谱[M].沈寿，点校考释.北京：人民体育出版社，1995：142—143.

③ 托尔斯泰.忏悔录[M].崔建华，译.杭州：浙江文艺出版社，2015：73.

④ 张世英.万有相通：哲学与人生的追寻[M].北京：北京师范大学出版社，2013：115.

⑤ Allan Bäck, Daeshik Kimb. Towards A Western Philosophy of the Eastern Martial Arts[J]. Journal of the Philosophy of Sport, 1979, 6(1): 19—28.

习武者在天人合德、天人相类甚至天人一体的伦理关联中,体验人与天之间的关联,将自我置于天地“大我”之间,在精神上不断提升自我,并不断践行之、体验之、感会之,从而逐步克服、消融天人之别,超越主体自我,向天道客体靠拢。同时,天人交胜、天人互融的传统武术天人伦理,说到底也是一种可以让习武者体验“无限”的路径。首先,习武者了悟“天人交胜”之理,对于天的“无限性”有充分认知,对于“天之能”和“人之能”的区别有充分把握,却并没有走上“天人对立”之路,而是努力参赞化育,以求与天相待相成,这个过程本身就是对“无限”的一种很深刻的体验。其次,习武者基于“天人交胜”的客观认知,以“明心见性”为目的,主动周察天地万物之理,积极感会天地万物之性,尽力融摄天地万物之神,以“万物皆备于我”(《孟子·尽心上》)的自信,以“大其心以体天下之物”“大其心以合天心”的气魄,尽心知性,知性知天,接近、趋向甚至与宇宙本体相合一,这更是一种切实的体验“无限”的过程。所谓“宇宙不曾限隔人,人自限隔宇宙”(《陆九渊集》卷三十六),传统武术的天人伦理完全打破了这一限隔,为习武者提供了一种体验“无限”的路径。

传统武术天人伦理赋予习武者有限的生命以无限的意义,为习武者在天与人之间树立起通往“无限”的信仰。信仰给人以希望,也会引导人走向渺茫。尤其这种可让人体验“无限”、通向“无限”的信仰,更有可能让不明就里者坠入“无限”的深渊,形成蹈虚附会的陋习。曾几何时,“隔山打牛”之功甚嚣尘上,“凌空劲”误导大批习武者,而一跃数丈、蹬萍渡水的所谓“轻功”至今还不乏信者。这些还只是打破身体限隔,带有天人伦理向往“无限”色彩的附会之说。至于那些标榜炼后天返先天以至“长生”的所谓“内功”,则完全是蹈虚之辞,将“天人一体”的心灵境界进行了彻头彻尾的扭曲。人作为“有限”的存在,向往“无限”并寻求通向“无限”的路径,以“突破个我的局限,将个我从现实世界的拘泥中超拔出来,将人的精神生命不断地向上推展,向前延伸,与宇宙精神相契合,从宇宙的规模上,来把握人的存在,提升人的存在”①,正是人为万物之灵的可贵之处,但这种“无限”的扩展并不能脱离“有限”,也不可能脱离“有限”,否则

① 陈鼓应.老子注译及评介[M].北京:中华书局,1984:43.

就是蹈虚附会，就是“神道设教”。

2. 塑造了习武者博大和包容的胸怀，也滋生了其淡漠人事的消极观念

传统武术天人伦理将习武者与天关联起来，在天人和谐中体验天道、提升自我，有助于塑造习武者博大和包容的胸怀。具体而言：第一，“天人合德”的伦理观念，有助于习武者体验天的生生大德，感知天化生万物、滋养万物、包容万物的生生精神，进而切身悟会“生为仁之源”的道理，以仁者之心待人接物。第二，“天人交胜”的伦理观念，有助于习武者了悟天人之分，进而以己之所能在天地间不卑不亢地参赞化育、成己成物，形成一种顶天立地的生命气象，这中间蕴含着与天地并列为三的“大我”观念和“平等”意识。第三，“天人相类”的伦理观念，以宇宙全息理论为支撑，主要表达的是一种顺天应道、技进乎道的文化期望与理想，这种“天地大宇宙，人身小宇宙”的“万物皆备于我”（《孟子·尽心上》）的信念，当然有助于扩展人的心胸、提升人的气度。第四，“天人互融”的伦理观念，基于对天和人各有擅长的认可，以格物穷理的方法，不断学习天地万物之所长，融会天地万物之精神，进而不断超越万物、超越自我，这一过程本身就需要习武者在面对天地万物时保持谦虚的态度和包容的胸怀，而且伴随习武者武学境界的不断提升，这份谦虚和包容的胸怀也需要不断扩大，否则便有自满之虞，武学境界便不可能再有提升。第五，“天人一体”的伦理观念，以“上下与天地同流”（《孟子·尽心上》）的高迈精神，以“天地与我并生，而万物与我为一”（《庄子·齐物论》）的博大心量，使习武者体验到天地万物“一体之仁”（《王文成公全书·大学问》）的至乐，这种克服了人类中心主义的万物并行、太和高远的境界，应该是至高无上的博大和包容了。

深受传统武术天人伦理影响的习武者，尽管容易形成博大和包容的胸怀，但其中一些习武者也有可能会滋生出淡漠人事的消极观念。这是因为他们在神交天地的过程中，一方面，可能太过执著于与天地争胜或者互融，在参究天地大道的过程中，沉迷于知物之理、尽物之性、尽己之性的乐趣中，而忽视人伦交往；另一方面，可能由于时常体验到与天地同

流、与万物并行的高远境界，生发出气渺王侯、从容开阔、超然物外的气度和心理，而对人事纷争索然无趣。同时，保持尚虚守静、淡泊无为的心态是进入天人一体之境的必要前提，因为“想修出真东西，先得‘万事不入’，别让外界干扰你，也别让自己的习性干扰自己。万事不入——不单是学艺之初的束缚，而是一生的修持”①，长年累月的尚虚守静、淡泊无为、万事不入，便有可能将人引向淡漠人事的方向。

3. 增强了习武者厚生与利用的思想，也刺激了其个人本位的原始欲望

《尚书·大禹谟》言“正德，利用，厚生，惟和”，一般可解释为：以正德为前提，方能尽物之用，使人们生活富足、社会和谐。本节所谓传统武术天人伦理能增强“习武者厚生与利用的思想”，其中的“厚生”，主要指习武者对于“生生大德”的推重，之所以可以这样理解，是因为“厚”本身就含有推崇、看重之意，如“厚此薄彼”中的“厚”字便是如此；“利用”则仍主要为尽物之用的意思。

传统武术“天人合德”的伦理观念，以“生生”为武之大德、仁之根源，由此，习武者必然要关注“生生”、推重“生生”。也就是说，“厚生”作为传统武术“天人合德”伦理观念的内在逻辑，自然会增强习武者厚生的思想。另外，从“阴”与“阳”这对中国传统哲学的最高范畴来看，传统武术素有“一阴一阳之谓拳”之说，将“阴”与“阳”作为自身的哲学本根。由此而联系到“生生大德”，我们借用戴震“一阴一阳，其生生乎！”（《原善》）的观点，便可总结为：传统武术之生生是其自身之生生，阴阳之间的相互作用就是其生生的基本动力和机制，而不需要外力来推动。

正是因为“厚生”，习武者才会“利用”。习武者要尽物之用，以提升武学境界，达到厚生的目的。出于这个原因，习武者广泛地汲取天地万物之特长，如习练三皇炮捶要效法猿、熊、虎、甲、龙。“猿，学它的灵巧、激动；熊，学它的底桩稳，上身低；虎，学它的一掀一剪一扫；甲，就是王八，学它的伸缩性和敏感度；龙，讲气势，谁都没瞧见过，得学龙从大海

① 徐皓峰，徐骏峰.武人琴音[M].韩瑜，口述.北京：人民文学出版社，2014：18—20.

里起来，带着水的那股精神”。①可见，习武者对于天地万物的效法，已不仅限于现实中确实存在的物象，甚至还包含了人们想象中的各种物象。习武者试图通过广泛的效法，以求尽物之性、尽人之性、尽己之性。

物极必反。当“利用”的思想过度发酵后，在一些习武者那里，可能就会刺激到其个人本位的原始欲望。尤其在古代习武者之间竞争比较激烈的时候，更会如此，因为“超级竞争的行为将使人们失去所有的分寸感和把控力”。②正是在此意义上，习武者“利用”以“厚生”的思想，可能会转变为想方设法、无所顾忌地攫取，以满足一己私利。

4. 促进了习武者独立和进取的精神，也酝酿了其缺乏合作意识的习惯

传统武术“天人交胜”的伦理观念，没有以天为绝对权威，让人完全屈从于天，而是在肯定天与人各有其所能的基础上，明确了习武者的独立性，使得习武者傲然挺立于天地之间，参赞化育，成己成物。这在普遍以天为尊的古代，难能可贵。传统武术“天人互融”的伦理观念，要求习武者在格物穷理的过程中对于物之理要充分探究，不能盲从，要在经过自身气质的转化和会通后加以超越。这充分彰显了习武者的独立精神。这种独立精神是以对人“本性自足”的认知为支撑的，如孟子说“仁义礼智，非由外铄我也，我固有之也”(《孟子·告子上》)。就此而言，习武者对于万物特性的所谓“融摄”，也可说并非融摄，而只是在以万物之特性来激发自我本性，使得那些本性中的潜在性能外露出来，使外露之性表现得更为完美。当然，所谓对万物的“摹仿”，也就“不再是简单意义上的摹仿，而是在创造”③那个独属于自我的世界。

传统武术“天人互融”的伦理观念，有助于促进习武者形成进取精神。习武者以“天人交胜”观念为基础，师法天地万物、格物以穷理的行

---

① 张力，龚建新.京城武林往事[M].青岛：青岛出版社，2013：190.

② 马陶谢克.底线：道德智慧的觉醒[M].高园园，译.重庆：重庆出版社，2012：97.

③ Carl B. Becker. Philosophical Perspectives on the Martial Arts in America[J]. Journal of the Philosophy of Sport, 1982, 9(1): 19—29.

为，本身就需要积极进取的生命态度。况且习武者之格物，不是仅限于格一事一物，而要如形意拳所追求的，“总合五纲十二目，统一全体功用。揽阴阳之造化，转乾坤之枢机”①，以达到“众物之表里精粗无不到，而吾心之全体大用无不明”（《大学章句集注》）的境界，走上“明心见性还原之大道”②，如此才能不断超越，尽物之性、尽人之性。这是习武者自觉追寻人生真谛，追寻生命终极存在，寻求自我安身立命之地的过程，这个过程是以习武者的进取精神为支撑的。从“天人合德”的伦理角度来看，习武者秉持天地“生生”之大德，自强不息，求“生”求“仁”，正是《周易》“天行健，君子以自强不息”的生动写照。从“天人相类”“天人一体”的伦理角度来看，习武者践形尽性、葆真去蔽、不断求索，正是为了进入天人一体的广大和谐之境，这其中困难重重，没有矢志不渝的进取精神，是断然不可能做到的。

其实，也正是在进取精神的激励下，许多世人眼中早已功成名就的武术大家才不敢一日懈怠，努力探究武学之道。比如，太极拳名家李经梧在两腿有疾、行动不便、走路离不开手杖的情况下，仍每天坚持练功，或闭目打坐，或颤颤巍巍地练拳，他说：“我和你们一样，每天都有着自己的收获。”③形意拳名家唐维禄说：“谁敢说自己会什么呀，形意拳，我就不会。”李仲轩以此为座右铭，说在练武上，没有适可而止的事。④

传统武术天人伦理在促进习武者独立和进取精神的同时，也酝酿了某些习武者缺乏合作意识的习惯。这是因为习武者对于传统武术天人伦理的探究，主要靠自练自修，需要凭借自己的勤修苦练和不断开悟才能有所成就。尤其当进入比较高的境界以后，习武者们往往自秘其技，相互之间缺少交流，有关体悟正确与否只能靠自己摸索。长此以往，尽管培养了习武者独立进取的精神，却也可能酝酿出“各人自扫门前雪”这

①②　李洛能.形意拳拳谱[M].太原：太原市武术挖掘整理组翻印，1984：4.

③　吕压西.恩师八年教　自身一世修[M]//梅墨生.大道显隐.2 版.北京：当代中国出版社，2010：177.

④　徐皓峰.逝去的武林：一代形意拳大师口述历史[M].李仲轩，口述.海口：南海出版公司，2009：60.

种缺乏合作意识的习惯。

5. 彰显了武术跨越时空的艺术魅力，也强化了习武者盲目尚古的心理

传统武术天人伦理凸显了武术的审美趣味，强化了武术的艺术性，使得各拳种流派在千年延传中彰显出跨越时空的艺术魅力。这种魅力始于创拳之初对于天地精神的融摄，不同拳种、不同技法在象天法地、格物穷理的过程中，形成了融会不同意境、含纳不同性情、包蕴不同生机的拳势。这些拳势显现了天与人的无穷关联，其中的每一拳势对于这种天人之间的关联又各有侧重，因而共同描绘了传统武术的天人伦理之美。

由于客观存在的“每一事物都是宇宙间无穷联系的聚焦点或者说集合点，正是这种集合才使一事物成其为该事物，才使得存在者得以存在”①，也即每一事物都从各自所立足的独特的集合点集合着全宇宙的无限关联，而这些各自独特的集合点就每一事物而言是各不相同的，是宇宙唯一的，正如世间没有两片完全相同的树叶，所以传统武术的每一拳势均从自己的集合点出发涵盖着全宇宙的无限关联。就此而言，创拳者对每一拳势的创造，不可能展现出该拳势的全部无限关联，他只是也只能是从自己所立足的集合点出发，也即结合当时的情境，从自己的“本性”出发，展现出自己对于该拳势所蕴含的天人之间无限关联的理解，这些展现出的关联在全部的无限关联中只是极小的一部分。也就是说，不同习武者对于同一拳势的演绎，所展现出的都只是以他们自己为集合点形成的无限关联，这些不同的无限关联表露着不同习武者演绎同一拳势的不同魅力。而即使将这些已经展现出的无限关联全部集合在一起，也不是该拳势所蕴含无限关联的全部，因为拳势的无限关联要由人来展现，不同的人所立足的集合点不同，而即使是同一个人，他在不同时空下所立足的情境也有所区别。正是在此意义上，传统武术天人伦理使得传统武术的艺术魅力能够跨越时空而永无穷尽。

---

① 张世英.万有相通：哲学与人生的追寻[M].北京：北京师范大学出版社，2013：118.

但是，不同的习武者毕竟都属于人类，而人性是相通的，所以不同习武者对于彼此展现出的传统武术不同的艺术魅力便具有了会通感。也正是基于这种“会通感”，才使得传统武术跨越时空的艺术魅力能够被一代又一代的后人所欣赏和体味，并激发这些后人们不断开掘真正属于自我的艺术魅力，从而在历史的长河中逐步汇聚起传统武术艺术魅力的滔滔洪流。

艺术的魅力是无穷的。在一代又一代独领风骚的武术大师那里，“有限的体质被点化成无穷的势用，透过空灵的神思而令人顿感真力弥满，万象在旁，充满了生香活意”。①大师们的每一拳势，对于天地之大美的展现，对于灿然活力与盎然生意的传达，对于酣然创意与浩然生气的流露，无一不令后学之人由衷钦佩、赞叹不已。这对于那些本就具有较强历史性思维的传统武术习练者而言②，无疑会强化其中一些人盲目尚古的心理，致使他们对所谓的原传技法、古传心法甚至自己的师父、师祖形成一种不问是非、不探究竟的近乎宗教意义上的信仰。

小　　结

中国传统文化是一种德性文化，在这种德性文化的视野中，“天”被视作具有生生大德的大化流行之道，“人”则成为此大化流行之道的推动者，成为生生大德的落实者，成为可“为天地立心”的万物之中最可贵者，由此构筑出了中国传统的天人伦理观。但伴随近现代历史画卷的不断展开，中国传统的天人伦理观不断衰落，以致一些中国人在某种程度上“面临着精神层面道德信念丧失和生活层面道德秩序混乱的局面，从而加深了重新确立道德价值根据、重新建构道德生活秩序的紧迫感和使命感”。③基于此，系统研究传统武术这一中国传统文化全息载体的天人伦

① 方东美.中国人生哲学[M].北京：中华书局，2012：211.

② 李守培，郭玉成.传统武术技术体系的标准化及其对策研究[J].体育科学，2015，35(2)：81—89.

③ 李承贵.德性源流：中国传统道德转型研究[M].南昌：江西教育出版社，2004：26.

理问题，深入剖析它的核心观念、形成缘由和历史影响，不仅是对武术哲学和武术技术形成问题的深入参究，更是对习武者乃至所有人宇宙关怀和生命关怀等价值认知的深刻反思，展现着传统武术天人伦理的历史意义和当代价值。

第四章　传统武术伦理的根本取向及其实践方法

中国传统社会是以伦理为本位的社会。①中国传统武术在与传统社会伦理观念的长期互动中，逐步从“人与人的关系、身与心的关系、天与人的关系”三种角度，形成以“人际伦理、身心伦理、天人伦理”为支撑的伦理架构，并在历史的磨砺中孕育出整个传统武术伦理的根本取向及其实践方法，总体主导了传统武术的精神气质，以致传统武术数千年发展进程中的突出成就与显著局限均与此相关。

综观已有研究，虽对传统武术的人际伦理多有探讨，对身心和天人伦理却较少触及，更罕有研究从系统的视角出发，将三者熔于一炉，深入传统武术伦理的内部结构，“入乎其内、出乎其外”，从总体上系统且深入思考传统武术伦理的根本取向及其实践方法。该致思理路，是深入理解传统武术历史发展精神命脉和文化内涵核心要义，确立传统武术当代发展道德根基的必然之途，更是服务我国“十四五”规划“深入实施中华优秀传统文化传承发展工程……推进公民道德建设”的应然之举，故亟待展开。

一、传统武术是一种伦理型文化

一部传统武术发展史，就是一部传统武术不断融摄中国传统哲学、伦理、医学、兵学、美学等多领域文化精髓的历史。如此，传统武术虽有

① 梁漱溟.中国文化要义[M].上海：上海人民出版社，2005：70.

体育性，却以文化性为灵魂。真正的修习者，关注技术的提高，更注重精神的提升，“甚至以不断超拔精神境界为其修习的根本目的”。[①]这是过分突出竞争，把竞争得冠作为最终结果的竞技武术[②]所缺少的，故传统武术根本就不是体育[③]，而是一种以精神价值为第一的终身践履之学，是中国人的一种生活方式和文化样态。传统武术作为一种文化样态，与余秋雨对“文化”的理解相一致，“文化，是一种包含精神价值和生活方式的生态共同体。它通过积累和引导，创建集体人格”。[④]对传统武术而言，和谐是其最根本的精神价值，中庸是其最崇尚的生活方式，君子是其最理想的集体人格，而此三者之间又是互为支撑、一体共存的。

传统武术文化体现出重伦理、重道德的特征[⑤]，是一种伦理型文化，主要因其发生发展是以中国传统文化这一母文化为背景框架展开。古代中国家国同构的宗法制度促成了中国传统文化对伦理的重视，这种重视不仅在观念的意识形态方面作用久远，还深刻影响着传统社会心理和人们的行为规范，以致在中国古人的意识里，形成了伦理道德至上的观念，伦理道德几乎在各文化形态中均处于中心地位，如先秦儒学美学思想集大成者《乐记》认为，“乐者，通伦理也”，“德成而上，艺成而下”；中医经典著作《千金要方》指出，“德行不克，纵服玉液金丹亦未能延寿”，“此养生之大旨也”。习武者的价值标准当然也深受此影响，以致真正的修习者总是视道德为第一，将武术修习过程转化为一种提升道德境界、追求君子人格的教化之路。在此道路上，“传统武术不再是一种技术层面外在于身的附加”[⑥]，而内化为一种自觉的道德追求样式。主要过程

① Udo Moenig, Minho Kim. The Japanese and Korean Martial Arts: In Search of A Philosophical Framework Compatible to History[J]. The International Journal of the History of Sport, 2018, 35(15—16):1531—1554.

② 杨建营，王水利.中华武术的文化精神研究[J].武汉体育学院学报，2019, 53(3): 58—62.

③ Barry Allen. Games of Sport, Works of Art, and the Striking Beauty of Asian Martial Arts[J]. Journal of the Philosophy of Sport, 2013, 40(2):241—254.

④ 余秋雨.何谓文化[M].武汉：长江文艺出版社，2012:6.

⑤ 王岗，韩金清，侯连奎.中国武术“立德树人”的价值取向：求真向善尚美[J].体育学刊，2018, 25(6):1—6.

⑥ Ronald L. Massanari. The Way to Go: Philosophy in Martial Arts Practice [J]. Journal of the Philosophy of Sport, 2001, 28(2):245—251.

如下：

首先，择徒谨慎，注重道德，如《少林十戒约》强调，“确是朴厚忠义之士，始可以技术相传”，而为对朴厚忠义等优良品性进行考察与认定，则往往不惜付出“师访徒三年”的长久时间与耐性。其次，“未曾学艺先识礼，未曾习武先明德”，将武德学习置于技术修炼之前，以奠定习武者技术修炼和人生修为的伦理认知与德性基础。再次，习武过程以各种道德约律严加约束，如《永春白鹤拳·拳谱》要求“善修其身，善正其心，善慎其行，善守其德”，时时规范习武者的价值取向。最后，武术修习境界以道德为评判标准，如孙禄堂强调“拳术中亦重中和，亦重仁义。若不明此理，即练至捷如飞鸟，力举千钧，不过匹夫之勇，总不离乎外家。若练至中和，善讲仁义，动作以礼，见义必为，其人虽无百斤之力即可谓内家”①，将武术技术与伦理道德一体打通，对习武者的道德修养形成终极引领。可见，传统武术对于修习者的伦理考察和道德约束是始终如一的，这种以伦理为中心的事实，使其形成一种伦理型文化。

二、和谐是传统武术伦理的根本取向

传统武术伦理包含人际伦理、身心伦理、天人伦理三方面。这三种伦理关系，如季羡林所言，“正是最高的伦理道德，其余那些无数的烦琐的道德教条都从属于这个最高道德标准。因为这三个关系处理得好，人类才能顺利发展，社会才能阔步前进，个人生活才能快乐幸福”。②这三种伦理的最高价值追求均是和谐，也即传统武术伦理的根本取向是和谐，缘由主要有三。

首先，传统中国“德莫大于和”的伦理认知，推动传统武术伦理以和谐为根本取向。在“以德为本”的传统中国，从“万物各得其和以生”（《荀子·天论》）的逻辑前提出发，中国人将“和”提升至“天下之达道”（《中庸》）的高度，形成了“德莫大于和”（《春秋繁露》）的伦理认知，认为和谐

① 孙禄堂.孙禄堂武学录[M].孙剑云，编.北京：人民体育出版社，2000：379.

② 季羡林.漫谈伦理道德[J].文史哲，2002(1)：5—8.

才是天地万物存在的理想状态。受此影响,中国人对“武”的深层理解,向来不是以强凌弱、以大欺小,而是“以武止戈”“以战止战”(《司马法》),其精神实质是对生命的敬畏和尊重。①因此,传统武术真正的修习者尽管在某些情况下也会运用武力,但从内心来讲,却并不好斗,而“视个体和谐为真,天人和谐为美,人际和谐为善,以和谐观念为其伦理思想的最高准则”②,也即其根本取向。

其次,传统文化对杀伐意识的规范与超越,推动传统武术伦理以和谐为最高追求。仅从技术角度看,传统武术作为一种肢体应对的操作技术③,是一种杀伐技能,修习者的杀伐能力随训练的持续而不断提升。这在以伦理为本位、强调中庸、崇尚和谐甚至以和谐为最高追求的中国传统文化中,必然受到主流价值取向的约束,通过独特的伦理约定与技术设计,从人际、身心、天人三种伦理层面完成对杀伐意识的多维规范、深层消解与境界超越,使传统武术修习的理想之境“不再有对手、竞争或暴力等冲突的存在,而只剩下和谐”。④比如,《心意六合拳谱》曰:“武势者,其实贵和也,而和之中智与勇备焉”,“要备乎其勇,全乎其和,以和为始,以和为终”。

再者,中国人尤其习武者的“君子”人格理想,促使传统武术伦理以和谐精神为主导。文化的终极成果,是人格。中国文化有多种人格模式,但其中衍生最广、重叠最多、渗透最密的,莫过于“君子”⑤。君子是包含习武者在内绝大多数中国人的人格理想,如苌家拳《初学条目》叮嘱:“学拳宜以德行为先,凡事恭敬谦逊,不与人争,方是正人君子。”而即使从技击角度,传统武术也不同于西方武技,更多追求的是“内圣外王”的君子式格斗较技,重在取得心理上的输赢和人格的完善。可见,传统武

---

① 常云.从“持戈为武”到“止戈为武”——中国武术“和”的文化价值阐释[J].广西科技师范学院学报,2020, 35(4):90—93.

② 徐才.武术学概论[M].北京:人民体育出版社,1995:94.

③ 阮纪正.传统武术文化论纲[J].体育学刊,2017, 24(6):1—10.

④ Allan Bäck. The Way to Virtue in Sport[J]. Journal of the Philosophy of Sport, 2009, 36(2):217—237.

⑤ 余秋雨.君子之道[M].北京:北京联合出版公司,2014:9.

术“君子”人格本质上是一种“和”的哲学体现，这种“和”不仅限于人际层面，而打通了身心之维、天人之际。换言之，传统武术伦理是以和谐精神为主导的，也唯其如此，才成就了君子人格之“大”。

1. 以和谐为旨归的武德约律，外在保障了传统武术伦理的根本取向

(1) 武德约律是人际和谐的评判标准

所谓“勇而无礼则乱”（《论语·泰伯》），礼是人的角色及社会关系的恰宜状态[①]，具有神圣性，必须遵守、不可违背[②]。武德约律是中国古代的“礼”在武术中的主要体现，主要以戒律、戒约、谚语等形式和“底线伦理”[③]的方式，约束着习武者的言行举止。武德约律种类较多，而以和谐为旨归者，则构成了传统武术人际伦理和谐与否的衡量标准，如《河北沧县孟村镇吴氏八极拳拳术秘诀之谱·谱规凡例》要求，“同门之人以和睦为贵，不可称自己之刚强，灭他人之志气，尤不可因比试之胜负遂引类呼朋，以致同室操戈”，为八极拳习练者提供了评判其是否“以和睦为贵”的标准。这种标准主要体现在人际伦理层面，与武技训练这一直接作用于身心而重点关乎身心和天人伦理的“内在”标准相比，构成为一种“外在”于身体的规范，外在保障着传统武术伦理和谐的根本取向。

(2) 谦逊忍让是武德约律的和谐之基

习武者欲求人际和谐，需以谦逊忍让为基础，如武术谚语倡导“宁可先挨打，决不先打人”，《少林寺传授门徒规条》要求“克己和众，助人成美!”之所以如此，有其文化心理层面的缘由。在道德至上、强调和谐的中国传统社会，真正的习武者在注重武技提升的同时，更将和谐视为最高的德性与境界。谦逊忍让所带来的结果，往往正是习武者心态的平和与人际关系的和谐。当习武者通过谦逊忍让得到期望中的和谐状态时，也就同时获得了以和谐为贵的社会认可和自我体认的高尚德性境界，如

---

① 安乐哲.儒家角色伦理学：一套特殊伦理学词汇[M].孟巍隆，译.济南：山东人民出版社，2017：86.

② 李泽厚.由巫到礼　释礼归仁[M].北京：生活·读书·新知三联书店，2015：99.

③ 张晨昕，刘映海.中华武术戒约及其当代传承与发展的伦理学思考[J].体育与科学，2019，40(2)：93—99.

此便可获得一种心理满足，甚至会形成强烈的幸福感，进而不断强化着谦逊忍让的心态与行为。

中国传统文化也常将谦逊忍让视为一种大勇，如名篇《留侯论》强调："匹夫见辱，拔剑而起，挺身而斗，此不足为勇也。天下有大勇者，卒然临之而不惊，无故加之而不怒。此其所挟持者甚大，而其志甚远也。"这种鄙视小勇而视谦逊忍让为大勇的文化传统，进一步强化了崇尚勇敢的习武者谦逊忍让的心理与行为。而且，习武者崇尚大勇，自能心胸豁达、谦逊忍让，可见大勇的心态与谦逊忍让的行为也紧密关联。因此，武德约律所提倡的谦逊忍让不仅是和谐的基础，同时也丰富发展了和谐的内涵。

(3) 卫道精神是武德约律的忍让限度

所谓"是可忍也，孰不可忍也"(《论语·八佾》)，谦逊忍让虽被中国文化视为美德，但也有其"伦理的限度"①，该限度在武德约律中就是坚守原则、刚强不屈的卫道精神。这种精神内含着"三军可夺帅也，匹夫不可夺志也"(《论语·子罕》)的杀身成仁的气概，如武术家佟忠义在《武士须知》中提出："深望我门同志，各自振拔，毋须一言既出，努力躬行，大义当前，至死不顾。"这种精神还蕴含着捍卫武术传承之道的坚定信念，如武谚云"千两黄金不卖艺，十字街头送志人"，便体现出武术传承"宁可失传，绝不误传"的强大决心。这也进一步注解了前述视谦逊忍让为大勇的文化传统，即无原则地谦逊忍让并非真正的大勇，真正的大勇应是以卫道精神为限度的有所忍有所不忍。武德约律推崇的以谦逊忍让为基础的和谐，也绝非不顾道义、毫无原则的"和稀泥"，更"绝无要完全避免或痛恨武力的意味，而只是不愿引发暴力，或者将其作为处理人际关系的一种方式"。②但当忍让的限度被逾越后，为了和谐状态的恢复，使用武力就成为习武者的最后选择。比如，在中国历史上，出世修行的少林僧人曾多次上战场成为"僧兵"，正是因为国家危难逾越了其忍让限度，使

① B.威廉斯.伦理学与哲学的限度[M].陈嘉映，译.北京：商务印书馆，2017：1.

② Allan Bäck, Daeshik Kimb. Towards a Western Philosophy of the Eastern Martial Arts[J]. Journal of the Philosophy of Sport, 1979, 6(1):19—28.

其不得不重新入世，为天下和谐而战。这种大义大勇，深刻诠释了习武者坚守原则、刚强不屈的卫道精神。

(4) 和而不同是武德约律的核心要义

武德约律倡导的谦逊忍让，既有浓厚的包容性，也有其强烈原则性，由此促成的蕴含着包容与限度的和谐，便深刻呈现出“和而不同”的内涵，即和而不同是包含着不同、差异、矛盾在内的多样性的统一，而绝非无差别的同一。“君子和而不同，小人同而不和”(《论语·子路》)，和而不同既是习武者追求的君子品格，也是习武者所遵从的以和谐为旨归的武德约律的核心要义。各种武德约律尽管较少直接提及“和而不同”四字，但却一再折射出该精神，如《昆吾剑谱》“剑箴十条”要求，“倘遇不得真传，自鸣得意者，任其狂悖，不必与之争辩。既得真传，又须涵养性情。倘遇无知之徒妄加讥贬，只可令其一世迷糊，不必与之较量”，即体现出崇尚和谐之德、摒弃无谓争辩的和而不同品格，而一旦陷入忍让限度内的无谓争辩，也就与那些无知之徒及自鸣得意者类同了。在一定程度上，和而不同还展现出一种大智若愚、大勇若怯的超拔境界。唯有那些在忍让限度内深刻认同并遵从和而不同理念的习武者，才更有可能做到和而不流，神志专一，守其所是，最终学有所成。

总之，正所谓“和实生物，同则不继”(《国语·郑语》)，正是以和谐为旨归的武德约律视谦逊忍让为和谐之基，在有所忍有所不忍的限度内对于和而不同理念的凸显与坚守，才促成了历史上传统武术拳种林立、流派纷呈的大气象。故，传统武术的发展史实也客观证实了以和谐为旨归的武德约律，对于传统武术伦理以和谐为根本取向的保障意义。

2. 以和谐为追求的武技训练，内在强化着传统武术伦理的根本取向

武德约律重点规定了习武者言行举止的标准，主要是一种“外在”于身的律令，而武技训练则通过对习武者身心的直接磨砺，构成为一种相对“内在”的价值引导。此处所谓“内在”，主要是就其在身心层面上的作用而言，体现为从身心伦理和天人伦理的维度，在武技训练中对于身心关系和天人关系的处理规范。

（1）身心和谐的三步进阶，深化了和谐内涵

传统武术在长期实践中，逐渐发现真正强大的力量来自精神与身体的内外贯通，遂越来越关注身心关系，提出各种身心伦理观念，如“心动形随，意发神传”“形以寓气，气以催形，形合者气利”等。其中，最有代表性的是多种“六合”理论，如“心与意合、意与气合、气与力合，手与足合、肘与膝合、肩与胯合”等。深入来看，以“六合”为代表的各种身心伦理观念，实质的共同指向都为身心和谐。

习武者身心和谐境界的不断提升，一般有三步进阶：一是手与足、肘与膝、肩与胯等身体“外在”各部位的和谐，二是心与意、意与气、气与力等身体“内在”各要素的和谐，三是内与外或者说身与心的和谐。三个阶段侧重点不同，相互交融、紧密关联，内涵逐步深化。而不同的人即使在同一阶段，所达到的和谐境界也有所区别，甚至相差较大。纵观史上诸多名家，进入第三阶段往往需要数十年的漫长磨砺。而很多人穷其一生，也未能将第二甚至第一阶段练到较好状态。可见，习武者修习技术的过程，就是不断提升身心和谐境界的过程，其在身心层面上对和谐状态三步进阶的持续发掘与追逐，客观上深化了传统武术以和谐为根本取向的伦理内涵。

（2）天人和谐的三重提升，超拔了和谐观念

传统武术伦理对和谐的追求，不仅限于身与心的关系处理，更具超越性的是其对人与天关系的思考和实践。此处所谓“天”，主要指自然之天和道德之天，基本不包含宗教中所谓神灵、上帝之类的主宰之天。①其中的自然之天即大自然，包含除人类之外的一切自然存在。这源于中国文化将天人关系视为一种伦理的传统，如张载曰：“乾称父，坤称母……民，吾同胞；物，吾与也”（《正蒙·乾称篇》）。中国人由农业进于文化，对大自然是“不隔”的，故以天人和谐为特征的“天人合一”，就成了中国传统文化的最高信仰和终极理想，“人”必须在追求“同于天”的过程中，实

---

① 李守培，郭玉成.中国传统武术天人伦理的历史形成研究[J].体育科学，2016，36(12)：77—84.

现“人”的自身超越①,达到理想的天人合一境界。

习武者对天人合一的追求,大致包含三重境界:比附顺应、融摄超越、太和。比附顺应之境,主要表现为习武者以象思维为指导,对人天关系的比附,以及在练功过程中对天时、地利、气候、方向的选择,如少林八卦五行功根据季节变化,“分别进行卧功、坐功、站功、走功的各种练习,秋季主练脾胃功,使之有助于肝;冬季主练肺功,使之有助于肾;春季主练肝,使之有助于心;夏季主练心,使之有助于脾胃”。②该境界的形成,主要受“气一元论”的影响,认为气是宇宙的根本,万物来之于气,也均存在于气的运行中,人通过气与天地万物产生无所不在的联系。显然,该境界中的天人关系,天处于决定性地位。

融摄超越之境,主要表现为习武者并非完全从属于天,而主动融摄万物生命精神,将之与自我精神、气质、情绪深相韵和后再次表达,以实现对自我生命世界的升华和万物生命精神的超越。这是人之精神得以感发和兴会、自由和解放的过程,可不断丰富、完善自我生命境界。比如,形意拳习练者学习虎形、蛇形等,并非只为模仿动物形态,而重在得其精神性能,融化于自我生命之中,当再次表达时则不仅追求尽其灵足其神,还要蕴含着个人性情,实现对自我和万物的精神超越。该境界的形成,主要受“天人交胜”理念的影响,认为天和人各有胜出:主动融摄是对万物各有其特性之胜的肯定;完成超越是对人有其胜的明确。这种“天人交胜”的理念,使得习武者得以实现“赞天地之化育”“与天地参”的目的。这也是“和而不同”的结果,使“天人合一”与“天人交胜”这两种在哲学史上常被视为相互对立的伦理观念,在传统武术的伦理实践中得以融合,呈现出一种融摄超越的别样和谐境界。

太和之境是习武者处理天人伦理的理想境界。所谓“太和,和之至也”(《正蒙·太和》),亦即《周易·乾·象》言:“乾道变化,各正性命,保合太和”。“乾道”即天道,天道变化使万物各得其性、各安其位,由此协

① 汤一介.儒学十论及外五篇[M].北京:北京大学出版社,2009:40.
② 全国体育院校教材委员会.武术理论基础[M].北京:人民体育出版社,1997:47.

调并济、相互作用，形成最高的和谐之境，即"太和"。故，太和之境中的习武者与自然万物浑然一体、契合无间，境界高远，但该境界并未排除矛盾、消弭差异，而是"中涵浮沉、升降、动静相感之性"(《正蒙·太和》)，实现了对各种矛盾的恰当把握、协调统一。可见，"太和"是"和而不同"的最高体现，从学理上不可能完全实现，但修习者"和谐"的真实境界，却可在其不断修习中无限提升，从而一定程度上实现"太和"。总之，习武者对天人和谐三重境界的不断追寻，体现了其对天人之间伦理关系的定位，从天人伦理的层面上超拔了传统武术以和谐为根本取向的伦理观念。

(3) 天人与身心伦理协同，强化着和谐取向

传统武术对天人和身心伦理的理想与实践均以和谐为取向，且都在人的身心层面上进行，二者相互协同，可推动以和谐为追求的武技训练，从身心层面上不断强化传统武术以和谐为根本取向的伦理追求。这种追求对武技训练中的动静、刚柔、虚实等诸阴阳对立范畴具有统领作用，使它们之间的关系也均以和谐为取向。同时，这种追求还催生了擒拿和太极推手等大量粘连型武术技法，可在不伤害对手的前提下实现有效控制，换言之，可在和谐的前提下令对手心服。如此，长期进行以和谐为追求的武技训练，必然有助于习武者形成和谐之德。比如，形意拳名家耿继善自述其练拳过程，刚开始"往往与人不相和，视同道如仇敌"，练至明劲、暗劲时不断转变，及至化劲时，"无有彼此之分，门户之见，遇有同道者，无所不爱……方知形意拳是个中和之道理"。①可见，武技训练在天人与身心的双重伦理维度上，直接磨砺习武者身心，构成一种指向和谐的价值引导，强化着传统武术伦理的和谐取向。

三、中庸是传统武术伦理追寻和谐的实践方法

中庸思想在上古三代的观念系统中，就已上升到哲学与伦理的层

① 孙禄堂.孙禄堂武学录[M].孙剑云，编.北京：人民体育出版社，2000：317.

面，作为一种政治智慧和政治伦理广泛地用于政治生活之中，①如尧传位于舜时谆谆告诫："天之历数在尔躬，允执其中"（《论语·尧曰》）。"中庸"作为一个词组，最早见于《论语》，其不是"中"字和"庸"字的平列组合，而是倒装，即"用中"。执中、守中、制中、择中、时中等，都是"用中"的各种体现。②朱熹释"中"为"中者，不偏不倚、无过不及之名"（《中庸章句》），孔子则言"礼乎礼，夫礼所以制中也"（《礼记·仲尼燕居》）。可见，中庸正是传统中国的礼之精髓，其追求的是合乎礼的无过不及、恰到好处。也即，中庸是一种"适宜""应当""恰如其分"的方法，是对矛盾的驾驭与超越，而非客观事实的绝对中度，与折中主义更毫无共同之处。

"中庸"备受中华文化重视，被认为是道德实践的最高境界，天地运行的最高标准，如《论语·雍也》认为"中庸之为德也，其至矣乎"，《春秋繁露·循天之道》强调"中者，天地之太极也"。传统武术作为一种基本的中国文化形态，同样对"中庸"极其重视，如在处理人际伦理时，要求"遇强不惧，见弱不欺"；在处理身心伦理时，提倡"松而不懈，紧而不僵"；在处理天人伦理时，认为"离开己身，无物可求，执着己身，永无是处"（《大成拳论》）。总之，传统武术理论认为，"于中字曾悟则思过半矣"。③

传统武术之所以强调中庸，是因为中庸是实现和谐的方法，而和谐则是传统武术伦理的根本取向。首先，在中国传统文化看来，"和谐"有别于"同一"。"同一"意味着单调一律，不容许有任何不同，而"和谐"则承认"不同"，并把"不同"联合起来成为"一致"。和谐达成的条件就是各种不同成分间要有适当比例，也即中庸。故，中庸是实现和谐的方法。

其次，从理想人格的角度，君子作为习武者的理想人格，正是以中庸为其实践方法。《论语·雍也》言"文质彬彬，然后君子"，强调的正是"文饰"与"质朴"相杂适中、比例恰当的中庸。《中庸》更明言"君子中庸，小

---

① 冯冰."中""和"与"中和"——论礼乐的核心精神[J].华侨大学学报(哲学社会科学版),2011(3):1—7.

② 叶蓬.儒家"中"之范畴析义[J].河北师范大学学报,2011, 34(6):46—51.

③ 张殿华.通臂拳浅释[M].天津:天津市古籍书店,1988:23.

人反中庸。君子之中庸也，君子而时中”，进一步凸显出君子是中庸的践行者①，中庸是实现君子人格的方法，而君子人格根本上又是一种强调和谐的人格，所以中庸即是习武者追寻和谐的实践方法。

再者，传统武术作为一种身心践履之学，学习者的点滴进境均离不开切实的修习，而修习的基本要求就是“恒”，正所谓“学拳容易坚持难”，“拳贵精熟，功在有恒”。只有持之以恒，学习者才能不断提升以和谐为根本取向的武技与武德。也即，传统武术的各种伦理关系，均须在以“恒”为要求的实际修习中实现。而“恒”之可成的前提便是以中庸为实践方法，在无过不及间寻求恰到好处。此诚如宋儒邱富国所言，“恒中道也，中则能恒，不中则不恒矣”。②所以从根本上讲，中庸是习武者借由武德约律和武技训练两种路径，在人际伦理、身心伦理、天人伦理三种层面上追寻和谐的实践方法。

1. 中庸是以和谐为旨归的武德约律的本质思维

(1) 约束习武者践行中庸，是武德约律的根本作用

“礼”的根本作用是约束人们践行中庸，如孔子言“夫礼所以制中也”(《礼记·仲尼燕居》)。以和谐为旨归的武德约律，是中国古代的“礼”在武术中的主要体现，故其根本作用，便是约束习武者践行中庸。也即，中庸是以和谐为旨归的武德约律的本质思维。比如，传授武技时要求“心险者、好斗者、狂酒者、轻露者”(黄百家《内家拳法》)不传，运用武技时要求“遇强不惧，见弱不欺”，显然都是秉持中庸思维的结果。即使前述论证武德约律以和谐为旨归的内容，如河北八极拳门要求“同门之人以和睦为贵，不可称自己之刚强，灭他人之志气，尤不可因比试之胜负遂引类呼朋，以致同室操戈”等，也均隐含着中庸思想，并以之为指导。须知，传统武术不同门派间、本门派内的各种伦理关系较为复杂，在处理问题时若太过或不及，均会影响人际和谐，由此促使中庸成为本质思维，在过与不及间寻求实现人际和谐的合宜方法。这其实也是传统武术对孔子所

---

① 刘昌.中庸之可能与不可能:兼论中庸心理实证研究之困境[J].南京师大学报(社会科学版),2019(5):65—74.

② 李光地.周易折中[M].李一忻,点校.北京:九州出版社,2002:269.

谓“不学礼，无以立”（《论语·季氏》）、“人有礼则安，无礼则危”（《论语·尧曰》）论点的一种有力支撑。

（2）中庸的原则性，成就了和谐所内含的卫道精神

中庸不是绝对的中度或中间，如清代焦循所言：“凡事皆有两端……而皆有所宜，得所宜，即为中”（《论语·补疏》）。也即，中无定位，在包含两端在内的两端之间任一位置，只要合宜，就是中。事实上，正如武德约律强调的和谐内含着坚守原则、刚强不屈的卫道精神一样，中庸同样具有很强的原则性，而且正是中庸的原则性成就了和谐所内含的卫道精神，如陈氏太极拳要求“学太极拳不可狂……外面形迹必带儒雅风气，不然，狂于外必失于中”（《陈氏太极拳图说》）；少林拳强调：“剪暴锄奸方可用，持强逆理莫欺人。贤良秘授于危困，邪妄休传害众生”（《少林正宗拳经》）。这些正是崇尚和谐、秉持中庸原则的习武者，在处理人际关系时所采取的适宜方法，即他们所推崇的中庸。其间表现出的强烈原则性，正是武德约律所强调的“义之所在、宜之所在”。可见，真正秉承中庸的习武者，绝非以无原则调和、折中为能事而被孔子斥之为“德之贼”（《论语·阳货》）的“乡原”，而是重义轻利、不偏不倚、择善而从，具有强烈原则性和明确法度，善于把握好事物对立矛盾之间的和谐度，能较好洞悉事物存在和发展变化规律的人。

（3）经权相济，促成传统武术伦理和而不同的特质

中庸有其原则性，但对于问题的处理却追求“恰如其分”，这就需要在遵守、应用原则时保持一定的灵活性，因为伴随“实践”的时间、空间及对象的不同，“恰如其分”本身也必然是多元和开放的。[①]伦理选择中的原则性与灵活性问题，在儒家伦理思想体系中也被称为“经权关系”，经是道德律令的普遍性、原则性，权是依据经在不同的道德情景中所彰显的具体意蕴而做出的合宜的道德判断与选择。[②]权虽看似离经，但实际上却并未判道，而是在复杂情景中实现了合道，正如朱熹所言，“盖经者，只是存得个大法正当的道理而已。精微曲折处，固非经之所能尽也。所谓权

① 黄星星.孔子“中庸”思想的道德指向[J].伦理学研究，2020(6)：21—27.

② 徐嘉.论儒家“经权相济”的道德模式[J].学海，2004(3)：162—166.

者，于精微曲折处曲尽其宜，以济经之所不及耳”（《朱子语类》卷三十七），故谓“道之所贵者中，中之所贵者权”（《孟子集注·尽心上》）。

武德约律之中庸具有很强的原则性，决定了传统武术伦理“经主权从”的基本思想原则，但其对于行为效果“恰如其分”的根本追求，则根本决定了传统武术伦理“经权相济”的行为模式。经主权从、经权相济是武德约律具体实行的调节机制，实际追求的是原则性与灵活性的合理统一，期冀能够因人因时因地因境而制宜。其间，对于经的突出、权的变通，则内在地发展出传统武术伦理和而不同的特质，“和”是权的结果，“不同”乃经之根本。同时，也促使以和而不同为标识的君子品格，成为习武者的集体理想人格。

2. 中庸是以和谐为追求的武技训练的通达之道

（1）中庸是身心和谐三步进阶的方法依赖

传统武术以“六合”为代表的各种身心伦理观念，以身心和谐为共同取向，实现这一共同取向的方法是中庸。以形意拳为例，有明劲、暗劲、化劲三种练法，形成身心和谐的三步进阶。练明劲时，要身体动转和顺不悖，手足起落整齐不乱，实际是“外三合”的要求，需以中庸为法，将肢体本身各部间关系处理得恰到好处；练暗劲时，要神气圆满，形式绵绵，舒展应用，活泼不滞，实际偏重“内三合”的要求，需以中庸为法，将心、意、气、力等身体内在各要素间关系处理得恰到好处；练化劲时，顺其自然之程序，圆活无滞，形如流水，勿忘勿助，一气贯通，实际是“内三合”与“外三合”进一步相合的体现，需以中庸为法，将身体内外各种关系处理得恰到好处。从刚与柔的范畴看，所谓明劲即刚劲，暗劲即柔劲，化劲则刚柔恰到好处、近乎中庸境界。就此，传统武术修习实质旨在实现对身体与精神的深层掌控，得身心各关系之中庸，达至身心和谐。

中庸作为一种方法，还需许多具体实践要求作支撑，如《形意拳拳谱》认为“不可自专自用而固执不通，若专求力则凝滞不灵，专求重则沉滞不活……若不得中和，则万法也不能至中立地步”；《王宗岳太极拳论》要求“气沉丹田，不偏不倚”。另外，技击作为训练的延伸，适当考察中庸之法在传统武术技击中的展现，亦可更深入认识中庸在训练中的作用。

传统武术技击"必求其中……中则自立不败之地,偏者遇之靡不挫矣"①,如太极拳要求"交手之际,刚柔并用,适得其中"(《太极拳缠丝精论》),"无过不及,随屈就伸"(《王宗岳太极拳论》)。事实上,武术练时有定法,用时无定规,在技击中非变无以取胜,但不论如何变化,总离不开中庸法则。千变万化只为在刚柔、动静、进退、虚实等诸阴阳范畴中找到自己最合宜的状态,靠近中庸,同时找到对手不合宜的方位,尽力使其远离中庸。这就是中庸视角下"守中打中"的真意,也是所谓"以不变应万变"的真正"不变"之道,进一步印证了中庸作为一种方法,对武技训练在身心层面上实现和谐的重要作用,可谓是身心和谐三步进阶的方法依赖。

(2) 中庸是天人和谐三重提升的方法保障

传统武术天人伦理主要以自然万物对习武者生命的不断触动,求"天化人心"之效。在天人伦理的处理中,传统武术没有选择强壮自身以与天地相抗争的路径,而是试图规避、驾驭甚至超越人与天之间的矛盾,走上一条以中庸之法为保障的天人和谐之道。这在中国传统文化崇尚和谐的背景下,是合宜、应当、恰如其分的。能够选择这条道路,本身即是传统武术"中庸"的体现。同时,比附顺应、融摄超越、太和等天人和谐之境,则是传统武术以中庸为方法,依据习练者的具体情况,在不同阶段实现天人和谐的不同方式。

比附顺应境界中的部分观点有附会之嫌,未必合理。但有些要求,如前述少林八卦五行功中练功内容与季节的对应,却至少符合中医理论,在宇宙全息论等现代理论中也逐步得以证实。其实,不管这些比附顺应是否合理,都至少体现了传统武术对待天人伦理的基本态度,即人不应与天相抗争,而要顺应天,形成和谐关系。在面对人天矛盾时,这显然是一种中庸的态度。之后,伴随修为的不断提高,逐渐进入融摄超越境界的习武者,具有更高的主体意识,他们对自然万物的师法已不仅限于简单的模仿学习,而是追求得意忘象,实现融摄超越,这是一种更高层面的中庸。习武者借此深深体悟并融摄着自然万物的生命精神,将万物

① 孙禄堂.孙禄堂武学录[M].孙剑云,编.北京:人民体育出版社,2000:117.

各具的刚柔、动静、开合、虚实等阴阳特性化入己身，通过己身的韵和、含化后再次表达，使物之精神与人之特质相融为一，从而达至天人和谐，获得“另外于是，或在超过是其所是之处”①的深层哲学体验。由此再进一步，习武者在武术修习中追求返璞归真，逐步体验到“心无其心、身无其身”的忘我之趣，与自然万物和谐为一，这大概就是“致中和，天地位焉，万物育焉”(《中庸》)的理想状态，也即传统武术伦理的太和之境。

小　　结

传统武术作为一种伦理型文化，习武者的修习历程就是实践传统武术伦理和谐之道的过程，这个过程是一种以和谐为取向，以中庸为方法，以武德约律和武技训练为保障的身心贯通的道德修为。但正如孔子所指出的，“天下国家可均也，爵禄可辞也，白刃可蹈也，中庸不可能也”(《中庸》)，一方面，从人际伦理的角度，习武者的人际矛盾往往需在瞬息万变的技击过程中来处理，在如此心情紧张、事态万变的情形下，习武者无法时时处处将其处理得恰到好处；另一方面，从身心伦理和天人伦理的角度，武技训练具体涉及刚柔、动静、进退、开合、虚实、急缓、上下、左右等诸多阴阳关系，习武者无法时时处处使所有阴阳关系同时达到最合宜状态。因此，习武者道德修为的至善之地难以企及，也即传统武术伦理的和谐之道无止境，或曰传统武术伦理的太和境界不可能彻底实现，但习武者在这条和谐之道上贯通人道与天道而完成生命塑造的真实境界，却可因其持之以恒的修习而不断提升，此诚如钱穆先生所言，“中庸之道有极易处，同时有极难处；有极浅处，同时亦有极深处；有极微小处，同时亦有极广大处；有极隐晦处，同时亦有极光明处。中国人讲的中庸之道，要从人人所能，做到人人所不能处去。”②

---

① 伊曼纽尔·列维纳斯.另外于是，或在超过是其所是之处[M].伍晓明，译注.北京：北京大学出版社，2019：1.

② 钱穆.中华文化十二讲[M].北京：九州出版社，2012：123—124.

下　篇
中国武术的新时代道德

第五章　基于社会主义核心价值观的新时代武德构建审思

《中共中央关于制定国民经济和社会发展第十四个五年规划和二〇三五年远景目标的建议》指出，十四五时期经济社会发展的主要目标之一为“社会主义核心价值观深入人心……中华文化影响力进一步提升，中华民族凝聚力进一步增强”。以“三个倡导”为基本内容的社会主义核心价值观，在党的十八大报告中提出至今，伴随国家的大力推动与社会需求的内在呼应，其行业化、部门化、区域化的学术研究与凝练实践不断展开，但武术领域就此作出的深入思考尚少，与党的十九大报告“把社会主义核心价值观融入社会发展各方面，转化为人们的情感认同和行为习惯”的要求有差距，亦限制了武术在体育强国、文化强国、教育强国建设，尤其在新时代爱国主义教育中本应焕发的道德规范力、凝聚力、向心力。

传统武术在漫长的历史发展中累积了丰厚的伦理道德资源，承载着习武者的精神追求，在调节伦理关系、规范道德行为、引导道德实践、培养道德信念、建构道德理想等方面发挥着重要作用。但伦理道德总随时代而变，在新时代中国，传统武术的丰厚伦理道德资源如何实现创造性转化与创新性发展，以构建新时代武德，总体缓解甚至部分对治当代中国乃至整个人类心灵结构的失序、精神世界的紊乱、价值观念的冲突和内心深处的焦虑，需要我们展开多种多样的思考与尝试。从武术源于中国属于世界的特性出发，新时代武德构建之思理应基于对社会主义核心价值观和传统武术伦理道德观念的剖析与融合，同时考虑如何去扩展武德的世界意义，弘扬武术的深层价值。

一、社会主义核心价值观的伦理道德蕴含

在漫长的中国历史上，以“仁、义、礼、智、信”为代表，在不同时代形成的价值观，涵养了中国独特的文化品格，塑造了中国人独具的精神气质，巩固了中华民族独有的生生之道。但近代以来，在经济全球化、政治多极化、文化多元化进程不断加快的世界图景中，中国的社会结构和经济体制也在不断变革与调整，由此带来了利益格局和思想观念空前的深刻变化，以致一些人信仰危机、价值迷失、道德滑坡、行为失范等现象屡有发生。就此，党的十六届六中全会首次提出“建设社会主义核心价值体系”，中共十八大报告进一步明确提出“倡导富强、民主、文明、和谐，倡导自由、平等、公正、法治，倡导爱国、敬业、诚信、友善，积极培育社会主义核心价值观”。之后，习近平总书记在北京大学师生座谈会上强调：“核心价值观，其实就是一种德，既是个人的德，也是一种大德，就是国家的德、社会的德。国无德不兴，人无德不立。如果一个民族、一个国家没有共同的核心价值观，莫衷一是，行无依归，那这个民族、这个国家就无法前进。”

作为一种伦理道德体系，“三个倡导”分别从国家伦理、制度伦理、公民伦理①三个层面凝聚国家价值理想、建构社会制度规范、树立公民人格指向，为建设何种国家、建构何样社会、培育何类公民提供伦理遵循与道德标准。具体来看，富强、民主、文明、和谐，凝聚着当代中国人对于国家建设的美好期盼，作为一种价值目标，引领着社会运行和公民实践的伦理走向，为中国梦的实现提供国家层面的道德期待与信念支撑。其中，“富强”作为一种国家实力的表征，人们往往认为其与伦理道德无关，但其在此体现的是中国人对国家发展应然状态的一种期望、追求和看法，并将其与制度伦理、公民伦理相关联，因而形成一种伦理道德观念。自由、平等、公正、法治，建构了当代中国人关于社会运行的应然规范，作为

① 喻文德.论社会主义核心价值观对实现中国梦的伦理支撑[J].中南大学学报(社会科学版),2014, 20(6):40—44.

一种价值取向，衔接着国家发展和公民实践的伦理要求，为中国梦的实现提供社会层面的道德标准与制度保障。爱国、敬业、诚信、友善，树立了当代中国人对于公民人格的内在诉求，作为一种价值准则，奠定了国家发展和社会运行的伦理基础，为中国梦的实现树立了个人层面的道德自觉与基本遵循。可见，从总体设计上，社会主义核心价值观意在将国家、社会、个人三个层面伦理道德的价值规定纳入同一体系，实现政治理想、社会导向、行为准则的相互贯通，以及国家伦理、制度伦理、公民伦理间的良性互动。

同时应注意，中共中央办公厅印发的《关于培育和践行社会主义核心价值观的意见》指出，“这 24 个字是社会主义核心价值观的基本内容，为培育和践行社会主义核心价值观提供了基本遵循”。与多数理论研究甚至宣传教育的理解有所不同，这 24 个字并非对社会主义核心价值观的终极概括。所谓“基本内容”“基本遵循”，是基本的理念基础，“基本”当中还应该有“核心”或“关键”范畴，所谓“倡导”也并不就是“结论”“定论”。[①]这种开放性表述，为社会主义核心价值观的进一步凝练和升华，预留了很大理论探讨和实践发展空间，相关学术领域亦不断就此展开研究。

二、基于社会主义核心价值观的传统武术伦理道德观念剖析

1. 形成基础剖析

以马克思主义为指导，中国人民对中国特色社会主义核心价值的认识不断发展和深化，形成了以“三个倡导”为基本内容的社会主义核心价值观。综合来看，上下 5 000 年中华文明、近 500 年社会主义发展历程、100 多年民族复兴运动、70 多年中国社会主义发展经验、40 多年改革开放实践以及全世界文明有益成果，这六大方面各有侧重地从理论与实践两个维度，共同奠定了社会主义核心价值观的形成基础。比如，民惟邦本、和而不同、义以为上、敬业乐群、与人为善等中华文明优秀传统价值

① 戴木才.对社会主义核心价值观几个基础理论问题的思考[J].马克思主义与现实，2017(4)：174—180.

理念，成为提出“三个倡导”的丰富源泉；社会主义在从空想到科学、从理论到实践、从一国到多国的时空变迁中，价值观的多样性变化，成为提出“三个倡导”的有益借鉴；改革开放以来，中国人“物质世界与精神世界的协调发展面临挑战”①，成为提出“三个倡导”的现实基础。由此，基于宏大的历史时空观，“三个倡导”展现出突出的中国性、世界性、时代性。

传统武术伦理道德观念的形成基础，则主要来源于传统武术在不同历史时期，尤其民国前以中华文明为背景的实践经验和理论总结。具体从人际、身心、天人的三重维度来看，传统武术伦理道德观念的形成，在人际层面主要受中国古代特殊地理环境、经济基础、宗法制度、不同时期相关学术思潮、统治者伦理教化、习武群体生存与发展需要所影响；在身心层面主要受中国传统注重内倾的文化特色、武学境界不断提升的内在诉求、武术训练养生旨趣的日益强化、中国人个体性自我意识的觉醒所影响；在天人层面主要受乡土社会对天浓厚的敬畏与归属感、中国传统文化追求“不隔”的传统、顺天应道和自然有度的养生大则、宋明时期格物穷理的主流学术思潮所影响。显然，形成基础总体决定观念发展，主要以中国传统文化为背景形成的传统武术伦理道德观念，必然包含一些与当代不相适应的元素，如重男轻女的思想、师为徒纲的意识。因此，构建新时代武德，理应借鉴社会主义核心价值观的形成过程，以马克思主义为指导，以社会主义核心价值观为基准，形成宏大的历史时空观，在凸显武术特色的同时，突出中国性、展现世界性、弘扬时代性。

2. 性质剖析

社会主义核心价值观主要形成于中国特色社会主义实践中，其以马克思主义为指导思想，面向全体人民，突出人民主体地位，体现了鲜明的“社会主义”性质；其对中国传统优秀伦理道德观念的继承，尤其对西方国家价值观中某些有益成分的融摄，又凸显了它的“中国特色”。集体主义是中国特色社会主义核心价值观的突出特征，这与以个人主义为核心的资本主义价值观明显不同。它不主张将个人凌驾于国家、集体、社会

---

① 杨振闻.中国人精神世界重建与社会主义核心价值观[J].求索，2017(2)：88—94.

之上，而强调国家和集体利益至上，但同时也注重人的个性发展，并从社会定位个体，推动个体更好适应自由、平等、公正、法治的社会环境。这种伦理选择着重社会内部各种价值观念的和谐统一，注重"社会整体的主流价值观的指导，要求核心价值观体系内部结构严谨、相互适应、相互支撑"①，既与中国意识形态相适应，也与中国传统伦理相协调。

传统武术主要成长、成熟于中国的封建社会形态之中，受封建社会主流价值思想影响，其习练者"把自我实现的过程视为个体认同社会、皈依群体的过程"②，对于社会和集体极为看重，视群体价值为自我实现的前提和基础，形成了群体本位的价值取向。这种主要源于封建社会的群体本位与社会主义社会的集体主义，在突出国家和集体利益方面具有某种程度的相通性，但在注重人的个性发展上却有很大不同。传统武术实践通过个性化的身体体验，虽在一定程度上有助于习练者的个性发展，但受制于上述群体本位价值取向的影响，传统武术的伦理道德观念总体上仍是漠视个体发展和压抑个性伸展的。因此，传统武术伦理道德观念具有一定的封建主义特点，一定程度上体现了封建社会以土地占有权和人身依附关系为基础的权利和义务状态。这种性质的伦理道德观念不可能如社会主义核心价值观那样面向全体人民，凝结全体人民共同的价值追求，而只能服务于少数人。如此，传统武术伦理道德观念若要与当代社会相协调，就必须进行性质转化，在传统道德条目的基础上，提炼新的道德条目并展开现代性阐释，去除封建主义色彩，突出社会主义特色；否则，由此带来的价值失重，必将在习武者群体中造成更为严重的失序和紊乱，更不利于武术的新时代发展。

3. 内涵剖析

由于形成基础和性质不同，传统武术伦理道德观念与社会主义核心价值观的内涵也有较大区别，虽然没有形成普遍共识性提炼，但各拳种、流派乃至作为最基本构成的师门对从学者均有一定要求，如戳脚翻子门

---

① 冉亚辉.论社会主义核心价值观基本内容的理论内涵与伦理意义[J].理论月刊，2015(2)：164—167.

② 高晨阳.中国传统思维方式研究[M].北京：科学出版社，2012：226.

的《五不传诫言》:“不忠不孝者不传,不仁不义者不传,无礼无信者不传,好勇性贪者不传,人不谨慎者不传。”①武术谚语、拳论等亦对此有反映,如“打得宽不如交得宽”“有不对的父亲,没有不对的师父”。总体上,从人际、身心、天人的三重维度,我们将传统武术伦理的核心观念概括为:人际维度的忠孝为首、重义轻利、群先己后、男女有别、和而不同;身心维度的心专身恒、体悟互成、形质神用、阴阳相济、身心和合;天人维度的天人合德、天人交胜、天人相类、天人互融、天人一体。这些观念尽管也蕴含部分有一定当代价值的内容,如重义轻利、群先己后,但其主要形成于封建社会,与当时社会关系相适应,而与当代社会可能并不协调,故需作出当代化阐释,才能更好在当代传承。同时,还有一些折射封建等级思维、纲常伦理思想和人身依附意识的观念,如内含着“传内不传外,传男不传女”要求的男女有别观念,与当代社会很不协调甚至完全背离,则需深入分析其形成缘由,在扬弃中完成当代转化与发展。

基于此,新时代武德的提炼,应坚持马克思主义的立场、观点和方法,以习近平新时代中国特色社会主义思想为引领,立足历史遗产、着眼当代发展、融会世界文明,展现历史深度、突出现实厚度、张扬理论高度。但张扬理论高度并非提倡希圣希贤之类过于高远的伦理道德标准,而重在强调理论的科学性和彻底性。因为当代社会更需要的是一种对所有对象同等要求且有较高实践性的底线伦理,那些更高标准的道德追求,将成为个体自身的精神信仰或人生宗旨,而不可能是社会的统一共识。另从公德与私德的区别来看,社会主义核心价值观的12个价值条目,“属于个人私德的只有两项,即诚信、友善,这与中国古代特别是儒家的价值体系重视个人道德的特点差别很大”。②而当前国家倡导的继承和弘扬传统美德以及中华美德的创造性转化,按其内容则主要在私德层面,是对社会主义核心价值观的一种补充。同样地,传统武术的伦理道德观念也主要在私德层面,其新时代发展同样应主要着眼于私德层面,以弘扬其优秀传统,并发展为对社会主义核心价值观的一种补充。

---

① 张大为.武林丛谈[M].北京:当代中国出版社,2013:68.

② 陈来.中国近代以来重公德轻私德的偏向与流弊[J].文史哲,2020(1):5—23.

4. 逻辑剖析

自社会主义核心价值观的“三个倡导”提出以来，学界普遍赞同其对国家、社会和个人三者间关系的规范，但对是否应将国家层面、社会层面和个人层面的价值追求截然分开表述并未达成共识。不同意见集中指出，“三个倡导”中的许多概念并不仅仅是对某一层面提出的要求，而同时指向三个层面，如“诚信”不仅指向个人，也指向政府、企业和社群；将社会主义核心价值观作三个层面划分不利于实践转化，使得国家层面、社会层面的价值目标“似乎与每个公民无关”。①但事实上，在社会主义核心价值观的最终形态形成之前，“三个倡导”从三个层面作为社会主义核心价值观的基本内容和基本遵循，是有深入考虑的，这不仅有利于凝聚共识，形成价值观的“最大公约数”，还体现出中共中央立足现实，在三个层面各有侧重的价值引导倾向。

传统武术的伦理道德观念与社会主义核心价值观不同，主要涉及个人私德层面，所以无须从国家、社会和个人层面进行分层。但从传统武术伦理道德发展的历史实际来看，传统武术作为一种协调人际、修养身心、默契天道的技艺，其伦理道德观念其实是从人际、身心、天人三个维度展开的，且三种伦理道德互为支撑、内在相通。这启示新时代武德的构建，可借鉴社会主义核心价值观的分层逻辑，根据中国武术的实际情况，从人际、身心、天人的不同层面去把握武术本质及时代需求，进而凝练出对于不同层面具有普遍规范性且精炼简明、易记易传的武德条目。而且，所有武德条目最好均能贯通“人际、身心、天人”的三重维度，尽量减少不同维度分开表述可能产生的分歧。

5. 形式剖析

改革开放以来，我国理论界和思想界即已发起对社会主义核心价值观的研究和探索。党的十六届六中全会提出“建设社会主义核心价值体系”的命题后，社会各界掀起探讨社会主义核心价值观的高潮，以各种表述方式概括、凝练形成的社会主义核心价值观不胜枚举。但从“表述形

① 刘芳.社会主义核心价值观研究述评[J].北京行政学院学报，2015(2)：108—115.

式"来看,则主要包含两种考虑:一是总字数的多少,如2个字的表述"仁爱",6个字的表述"仁爱、民主、自由"等;二是几字式表达,如一字式的"仁、义、礼、智",二字式的"仁爱、民主",四字式的"自强不息、厚德载物"等。中共中央以二字式的"三个倡导"表述社会主义核心价值观的基本内容,引发学界展开深入探讨,进一步凝练社会主义核心价值观的研究仍不断呈现。从表述形式上看,这些进一步的概括和凝练,仍主要包含两方面,即总字数的多少和几字式表达的问题。

传统武术伦理道德观念的传承,有门规、戒约、歌诀、谚语、拳论、发愿、发誓等各种表述形式,具体字数少则三五个,多则数十甚至数百字。如永春白鹤拳古谱有"五戒":一戒淫欲,二戒酒兴,三戒欺侮老人,四戒欺侮小儿,五戒欺侮妇女;"五顾":一须顾己体,二须爱学弟,三须和乡邻,四须知高低,五须敬师长;"持四善":善修其身,善正其心,善慎其行,善守其德;还有"慓十戒"等。①可见,与社会主义核心价值观的"三个倡导"相比,传统武术伦理道德观念的各种约律表述过于驳杂,即使同一拳种,仍具有各种不同表述形式的约律,很难让人完全记住。但具体到某一条约律,则可能更为精简、对仗、朗朗上口。故而,构建新时代武德,应从总字数、几字式和是否朗朗上口等方面精选表述形式。

三、构建新时代武德的思考

1. 以马克思主义为指导,实践地、发展地理解中国武术伦理道德观念

从马克思主义的视角出发,全部社会生活在本质上是实践的,而实践是不断发展的。社会主义核心价值观是在中国特色社会主义建设的实践中不断发展形成的,也必将随着中国特色社会主义建设事业的不断发展而发展,并在"三个倡导"的基础上凝练形成新的价值观念,或者赋予这些价值观念以新的科学内涵和表述方式。由此,以马克思主义为指

---

① 徐才.武术学概论[M].北京:人民体育出版社,1995:107.

导，实践地、发展地理解中国武术的伦理道德观念，理应成为构建新时代武德的基本前提和认知。

从实践的观点出发，中国武术的伦理道德观念是在各种实践活动中形成的。例如，武术习练者在人际交往中形成了人际伦理道德观念，在身心修炼中形成了身心伦理道德观念，在师法自然中形成了天人伦理道德观念。这些观念的形成是伴随实践的发展和认识水平的提升而不断发展和演进的。换言之，不同的时代具有不同的经济和社会环境，进而酝酿形成不同的思想和文化。以此为背景，武术在不同的时代会形成不同的伦理道德观念，并表现出不同的特征。例如，宋代以降，传统武术受宋明理学影响，不仅加深了对身心和天人伦理的认知，催生出许多新的武术修炼理法和修习路径，还形成良知良能等伦理新话语、新思想。

人类构造了怎样的社会结构及其运行方式，也就构造了怎样的灵魂结构及其运行方式。[①]主要发生发展于封建社会的传统武术，其伦理道德观念主要与当时的生产力和生产关系相适应，具备典型的封建主义性质，这整体上与社会主义社会中的生产力和生产关系相抵牾。由此，在新时代中国，必须以马克思主义为指导，以实践的、发展的观点改造传统武术的伦理道德观念，构建与当前社会生产力和生产关系相协调，有利于推动人的解放和全面发展的伦理观，也即新时代武德。因为“是否适合生产力、生产关系的状况和发展要求，从而最终有助于人的彻底解放、有助于社会进步和全面发展”[②]，是衡量道德形态是否先进、合理的标准。当然，新时代武德也绝非一成不变，随着中国特色社会主义建设实践的不断发展，生产力和生产关系的状况发生较大变化，中国武术的伦理观念与道德标准也必将在习练者新的实践中不断发展。

2. 以社会主义核心价值观为基本遵循，彰显中国性、世界性、时代性

以“三个倡导”为基本内容的社会主义核心价值观，既体现了中国特色社会主义的价值本质和中华优秀传统文化的精神内核，彰显出深厚的

① 晏辉.价值哲学视阈中的心灵之序与世界之序[J].当代中国价值观研究，2017，2(4)：5—17.

② 李德顺，孙伟平.道德价值论[M].昆明：云南人民出版社，2005：25.

中国性，又融会世界优秀文明，与人类共同价值内在相通，展现出浓郁的世界性，还着眼于社会主义建设实践，积极回应我国当前价值领域的根本问题，体现出强烈的时代性。彰显中国性，才能突出文化主体；展现世界性，才能占据道德高点；体现时代性，才能形成价值引领。可见，中国性、世界性、时代性是凝练社会主义核心价值观的重要标准。也只有遵循这一标准，中国价值才能具备更大的影响力和感召力，更好凝聚中国力量、显现世界意义、解决时代困惑。因此，以社会主义核心价值观为基本遵循，彰显中国性、世界性、时代性，便成为社会主义核心价值观对构建新时代武德的重要启示。

以社会主义核心价值观为基本遵循，要求新时代武德不仅不能与社会主义核心价值观的基本精神相违背，还要从武术行业特点出发，用武术特色话语体系与社会主义核心价值观相承接，有所侧重地创新性地传播社会主义核心价值观。彰显中国性，突出中国特色，需要认真反思中国武术几千年来的根本价值指向，从武术的历史发展和精神传统中寻找其真正生命力所在。展现世界性，则需以高度自主精神，积极借鉴和融会世界文明有益元素，在持续演进的历史进程中，不断追问中国武术伦理道德的世界价值，为中国武术乃至中华文明的新时代发展注入新活力、激发新智慧。体现时代性，要求强化时代意识、聚焦时代问题，尤其要着眼于我国社会当下价值领域中的根本矛盾，洞见社会日益凸显的价值冲突，以时代精神激活传统武术优秀伦理道德观念的生命力，为解决中国社会乃至全人类当前和未来的社会矛盾，提供价值标准和道德指引。

总之，放眼武术领域，“我们应该有多种多样的尝试，来从理论上探讨充分利用中国历史文化中深厚的道德资源，同时又充分地考虑现代世界的发展”①，构建一个能够作为习武者新的社会道德根基的伦理道德体系。但无论如何构建，这一体系必然应以社会主义核心价值观为基本遵循，彰显中国性、世界性和时代性。唯其如此，这一体系才既是标准“当

① 何怀宏.新纲常：探讨中国社会的道德根基[M].成都：四川人民出版社，2013：41.

代”的，又是典型“中国”的，堪称中国武术道德的新时代形态。

3. 以历史与现实相结合的思路，深入揭示中国武术的价值本质与追求

以“三个倡导”为基本内容的社会主义核心价值观，从历史维度探求中华民族的精神传统和价值追求，从现实维度发现当前中国人乃至全人类的时代困惑与社会理想，进而在现实维度对历史维度的荡涤和激发中融会出真正具备中国特色的社会主义核心价值观，深入回答了“我是谁”这一关乎中国特色社会主义价值本质与追求的重大问题，对于重建中国人独特的精神世界、向世界展现中国国家精神形象具有重大意义。

构建新时代武德，亦应深入认知中国武术的价值本质与追求，在以社会主义核心价值观为基本遵循的现实语境中，从伦理道德的视角回答“我是谁”这一中国武术的终极哲学追问。如此，便不得不回望历史，在由历史堆叠形成的民族传统中详加探寻。“民族传统是一个民族世代积累、相对稳定的群体的历史经验，虽然就其整体而言，它不可避免地要打上深刻的历史烙印，但其中所包含的精华部分，却往往能够超越历史时空的界限”①，成为一种文明智慧和力量的积累，为新时代武德的构建找准根源、明晰应然，使其不因丢失历史发展根据、脱离民族精神依托而成为一种外在的强加。换言之，传统维系了不同历史阶段间的连续性与相通性，构成了“社会创造与再创造自己的文化密码，给人类生存带来了秩序和意义”②，因而新时代武德的构建不可能完全破除其传统，一切从头开始，而只能充分吸收传统的营养，对传统展开创造性改造。

创造性改造的突破点是着眼于当下的“现实”，从现实出发重新理解传统，发现传统中与当代相适应的可以成为武术在当代发展的价值本质与追求的元素。就此而言，本书认为中国武术的价值本质与追求，可用“尽性立命”四字做概括。在个体性自我意识被普遍压抑的传统中国，武

① 唐凯麟，张怀承.成人与成圣：儒家伦理道德精粹[M].长沙：湖南大学出版社，1999：3.

② 希尔斯.论传统[M].2版.傅铿，吕乐，译.上海：上海人民出版社，2014：2—3.

术的价值本质与追求以明清时期从技法探讨向劲力研究的转向为标志，非常鲜明地体现为“尽性立命”。这是因为，如果说在技法探讨层面上，对于不同技法的倾向和选择体现了习武者的个性，那么在劲力研究层面上，强调“意到、气到、劲到”的劲力运用过程，则更加深入地展现了习武者的个性。由此，不论社会环境如何，习武者总能在武术训练的自我体认中，在不断明心见性的自我提升中，成为生命的主导者，获得人性的尊严和价值，完成尽性立命的人生追求。

在多元价值并存的当代，“人们的生活、学习和工作一度过多倾向于物质的考量，而忘记了人性”①这一根本的精神存在，由此导致的结果便是功利主义、物质主义、拜金主义、个人主义的一度猖獗。近年来，社会主义核心价值观的倡导，有效引领了多数中国人的价值认识，如何进一步把社会主义核心价值观融入社会发展各方面，转化为人们的情感认同和行为习惯，则需要各种行业伦理的接引。就此而言，中国武术“尽性立命”的价值本质与追求，不仅张扬了当代习武者人性的价值与尊严，深刻回应了“我是谁”的哲学追问，也深度吻合了社会主义核心价值观对于“自由”的倡导，以及马克思主义以人为本地对“每个人自由而全面发展”的向往，高扬人的人格主体意识，强调人的自觉与自立。

4. 贯通“人际、身心、天人”的三重维度，形成中国特色的表达逻辑

一个理论体系采用何种逻辑表达，体现了该体系的科学性、彻底性和说服力问题。从史实来看，中华文明之所以具有强大的生命力，与数千年传统中国的核心价值观关联重大。其中，“四德五常”对中国社会的影响至深至远。以形成较早的“四德”为例，尽管只有“仁、义、礼、智”四字，但其在逻辑上是分层的。按照陈来的观点，“就作为个人道德的德目来说，仁是温厚慈爱，义是坚持道义，礼是守礼敬让，智是明智能辨；就社会价值而言，仁是仁政惠民，义是正义原则，礼是文化秩序，智是实践智慧”。②可见，“四德”具有很强的融通性，在不同层面之间实现了很好的贯通，展现了理论的彻底性。这种逻辑特色对于社会主义核心价值观的进

① 方朝晖.“三纲”与秩序重建[M].北京：中央编译出版社，2014：346.

② 陈来.回向传统：儒学的哲思[M].北京：北京师范大学出版社，2011：47—48.

一步凝练具有启示意义，对于新时代武德的构建也具有很高的示范价值。

从国家的高度及当前的国情、世情和时情来看，社会主义核心价值观意在形成全国各族人民、各种群体、各个阶层价值观念的“最大公约数”，因而从国家、社会和个人层面加以区分，具有合理性。中国武术主要面对的是习武者群体，主要涉及的是个体私德，属于行业伦理，如果生硬地沿袭“三个倡导”的表述逻辑，则多有不妥。新时代武德理应体现中国特色和武术特性，可考虑从人与人之间的关系、身与心之间的关系、天与人之间的关系出发，贯通“人际、身心、天人”的三重维度，形成独具特色的表达逻辑。例如，研究认为可选用“敬、义、勇、恒、和”五字，作为新时代武德的核心观念，如此对于该五字的阐释，则均需贯通“人际、身心、天人”的三重维度。以“和”为例，在人际层面上，尽力完成对冲突的超越，不断趋近和而不同的理想境域；在身心层面上，以“六合”等理论为指导，着力提升技击能力、表达深层自我；在天人层面上，于追求“同于天”的过程中，不断实现自我超越，趋近道德自我的最高境界。

之所以如此设计，主要有两方面考虑。一方面，从具有中国特色的绵延千年的文化传统来看，中国传统文化有追求“融通”的品格，在不断探求天、地、人之间应然秩序的过程中，着力实现身心合一、天人合一，也即内外合一、性道合一，总之要打通万有，完成天、人、身、心的一体贯通。另一方面，从武术实践的具体特性来看，中国武术的修习之道始终围绕人与人、身与心、天与人的三重关系展开。所谓“未曾学艺先学礼”“拳以德立，无德无拳”，人际伦理是习武者终其一生都需谨慎处理的一种人伦关系，否则便可能学无所得、受到孤立甚至面临人生劫难。习武者修习武术技术，本质上是在调整身心状态，使身心关系从最初的“散乱”逐步向身心和合、内外如一的有序状态趋近，其间蕴含着身心伦理如何处理的问题。修习武技日久，对身心伦理有了一定程度的理解和感受之后，习武者会格外关注天人伦理，借由“象天法地、圆空法生”的训练之途，在对于天道的默契与悟会中，以天人伦理强化身心伦理、指导人际伦理。

从“人际、身心、天人”的三重维度理解新时代武德，可真正把握武术精神，走出自我中心，在大化流行那普遍联系之网中重新发现真正的自我，根本上是“寻找自身生命在大千世界之大化流行中的恰当位置，力图搞清我是谁、我从哪里来、我要到哪里去，为自己的行为定位和定向”①，折射出新时代武德的价值本质与追求。这对于在天人分离、身心割裂中造就的现代文明而言，对于当前“崇高与鄙俗同在、文明与野蛮共存的分裂时代”②而言，尤其对于“社会主义核心价值标准及其引导功能正面临的被消解和冲击等严峻挑战”③而言，都具有重要的理论价值和现实意义。

5. 以“一字”与“二字”的二级递进形式，建构辞约义丰的表达体系

“三个倡导”作为社会主义核心价值观的基本内容，采用了12个词组24个字的表述形式，但从调查结果来看，民众普遍反映其具体内容过于复杂，字数太多，不便记忆和传诵。比如，一项对苏、闽、鲁、皖、京、晋、桂、滇、藏等九省(市、自治区)5 162个样本的研究报告显示，民众能完全记住“三个倡导”的仅22.14%；对于“是否有必要继续深度凝练言简意赅、易记易循的社会主义核心价值观”的问题，认为“非常必要”者占28.3%，认为“必要”者占45.4%，两者总数达73.7%。④一项对湖南省20所高校18 229名大学生的调查报告进一步显示，湖南省大学生对“三个倡导”内容的认知不平衡，其中对国家层面内容的知晓程度远高于个人层面内容。这符合心理学“首因效应”理论。首因效应本质上是一种优先效应，人们因信息输入顺序不同而对信息的重视、注意、加工程度不同，当不同的信息结合在一起时，人们总是倾向于重视前面的信息，即使人们同样重视了后面的信息，也会认为后面的信息是非本质的、偶然的。⑤首因效应出现

① 阮纪正.至武为文：中国传统武术文化论稿[M].广州：广州出版社，2015：332—333.

② 吴飞.人伦的“解体”：形质论传统中的家国焦虑[M].北京：生活·读书·新知三联书店，2017：462.

③ 钟宁，李泓祎.新时代社会主义核心价值观实践转化的挑战与机遇[J].社会科学家，2021(5)：140—144.

④ 陈延斌，张琳.中国公众怎样理解社会主义核心价值观：基于九省(市、区)5 162个样本的研究报告[J].人民论坛·学术前沿，2015(21)：87—95.

⑤ 李民，向玉乔，黄泰轲.湖南省大学生对社会主义核心价值观的认知状况调查报告[J].伦理学研究，2015(6)：1—10.

的根本原因，仍在于“三个倡导”的具体内容较为复杂，而人们对于个人层面价值观的客观忽视，不利于个人道德建设，也就可能影响到整个价值观的培养与践行。

从数千年传统中国的各种价值观表述形式来看，能够产生广泛、深入、持久影响的表述，均极为精炼、简明，如孔子提出的“智、仁、勇”三达德，孟子提出的“仁、义、礼、智”四德，管子提出的“礼、义、廉、耻”国之四维，董仲舒倡导的“仁、义、礼、智、信”五常，以及明清时期几乎人尽皆知的“忠、孝、节、义”的道德标准等。这些德目的共同特点是均为一字式，且字数均在2—6之间。“现代心理学和记忆科学研究认为，文字要让人过目不忘，字数应在2—6字之间，一般不能超过6个字。”①另外，这些价值观均未做面面俱到的奢望，而是纲举目张，强调核心价值观念，突出根本价值追求。这是因为面面俱到的价值罗列，可能是价值体系的任务所在，但绝不是注重价值引领功能的核心价值观的目标。这对新时代武德的建构形成重要启示。

本书倾向于以“一字”与“二字”的二级递进形式，建构辞约义丰的表达体系。具体来讲，该体系包含具有递进关系的两个层次，第一层次为“一字式”的几个字，从易记易传的角度出发，最好不要超过5个字，如研究认为可选用“敬、义、勇、恒、和”五字，作为新时代武德的核心观念，从关键处引领习武者的价值取向；第二层次为从第一层次衍生出的“二字式”的几个词组，如与上述五字相对应，可设定为“诚敬、信义、智勇、专恒、正和”5个词组，作为新时代武德的核心观念体系，从整体上规范习武者的伦理行为。显然，该形式实现了新时代武德核心观念与核心观念体系的有机融合。其中，第二层次添加的几个字不仅本身具有丰富内涵，也对第一层次中相应的几个字形成深化或限定效果，同时，第二层次的几个词组本身也显示出新的价值意蕴。如“智”本身即有知而不惑、明辨是非等丰富内涵，与“勇”连用，强调“勇”的前提是“智”，要文武兼备、有勇有谋，同时“智勇”还展现出大智大勇、锐意开拓进取的精神品格。整

① 戴木才.对社会主义核心价值观几个基础理论问题的思考[J].马克思主义与现实，2017(4)：174—180.

体来讲，如此建构形成的新时代武德，可谓辞约义丰。另外，由于第一层次的几个字易记易传，第二层次以第一层次为核心扩展为词组，很容易通过联想被记住，所以整个武德体系也易记易传。

小　结

以“三个倡导”为基本内容的社会主义核心价值观，凝聚着国家价值理想，建构着社会制度规范，树立着公民人格指向，为新时代中国人的精神重建提供了基本遵循。但诚如习近平总书记所指出的，“一种价值观要真正发挥作用，必须融入社会生活，让人们在实践中感知它、领悟它。要注意把我们所提倡的与人们日常生活紧密联系起来，在落细、落小、落实上下功夫”。由此，本研究基于社会主义核心价值观，从形成基础、性质、内涵、逻辑、形式等方面，对传统武术的伦理道德观念展开剖析，进而提炼形成构建新时代武德的新思考，期待新时代武德能够贯通“人际、身心、天人”的三重维度，以辞约义丰的表达体系，形成中国特色的表达逻辑，深入揭示中国武术的价值本质与追求，彰显中国性、世界性、时代性，为新时代中国武术及习武者的发展提供道德支撑，也为社会主义核心价值观更加深入地实化、细化为人们的精神追求和道德自觉提供路径，使新时代中国社会的道德根基更为牢固。

第六章　新时代武德的构建

进入 21 世纪以来，人类伦理文明正经历着由“拔根”向“扎根”①的历史转型。对此，党中央以高度的文化自信，不仅着力培育和践行社会主义核心价值观、大力弘扬中华优秀传统文化、颁布《新时代公民道德建设实施纲要》，还以构建人类命运共同体的宏阔视野，为世界范围内的道德失范问题积极贡献中国智慧。

中国武术基于中华文明的伦理特色，秉承“拳以德立，无德无拳”的坚定信念，在历史演进中不论兴衰沉浮，始终格外推重伦理秩序和道德教化，其间累积形成的丰富道德智慧，理应在新时代的荡涤中，为我国公民道德建设及全球伦理发展贡献力量。但综观已有研究，尚极少从世界视野出发，着意于新时代武德的构建。

鉴于社会发展与历史演变总在延续与突破中寻求平衡，本章以习近平新时代中国特色社会主义思想为引领，以世界文明有益成果为参照，从中国武术历史发展与当代实践的具体实际出发，着力贯通“人际、身心、天人”的三重维度，以“一字”与“二字”的二级递进形式，融技术修习与道德养成为一体，构建突出“中国特色、世界意义、时代特征、专业特性”的新时代武德。

一、构建新时代武德的必要性

1. 践行社会主义核心价值观，消融道德滑坡现象，维护中国国家安全

与历史文化环境、生存条件、生产方式、交往方式等相适应，传统中

---

① 王泽应.中华民族道德生活史・先秦卷[M].上海：东方出版中心，2014：2.

国形成的仁、义、礼、智等价值观念，构成当时社会共同的道德基础，曾使中华民族生发出强大的凝聚力与融合力。但伴随近代中国持续百余年的不断转型，传统道德不断瓦解，新的与社会发展相适应的价值体系一度缺失，致使物质主义、享乐主义、怀疑主义、虚无主义曾一度在社会弥散，社会道德基础不断流失，社会道德滑坡现象严重，严重危害着中国的社会发展和国家安全。

主要着眼于此，党中央提出社会主义核心价值观，并倡导其在行业化、部门化、区域化发展中，切实转化为人们的情感认同和行为习惯。就武术领域而言，以当代习武者行为实践的具体实际为依据，对标社会主义核心价值观，重建武术道德标准，正是更好构筑中国精神、中国价值、中国力量的必然之途，有助于以武术为纽带，架起不同阶层、不同群体间的信任之桥，增进和谐气氛，提升向善意志，消融社会中潜在的各种道德滑坡现象，维护国家安全。

2. 弘扬中国优秀传统伦理观念，为全球伦理的发展贡献中国智慧

近代以来，伴随西方文明的强势发展，以经济全球化为基础的文化全球化扩张，促使西方主导的价值观的世界影响力一度不断增大。人类文明由此达到的高度有目共睹，面临的问题却往往被忽视。就此，习近平在纪念孔子诞辰 2 565 周年国际学术研讨会上指出："当代人类正面临着许多突出的难题……物欲追求奢华无度，个人主义恶性膨胀，社会诚信不断消减，伦理道德每况愈下。"中国这一唯一绵延数千年而不中断之国度的优秀传统思想和观念，当可为解决这些难题提供启示。

如果说中国人是在"文"与"武"两个维度的交相辉映中，创造了传统中国的盛世文明，中国武术则主要就是那一"武"的维度，其以"武"的特色全息映现着中华文明的伦理思想、道德观念、行为方式、审美旨趣等。由此，构建新时代武德，即是在弘扬中国优秀传统伦理观念，可为全球伦理发展贡献中国智慧。当然，这一重建也绝非信手为之，而需审视"世界文明中的中华文明"，找到"中华文明中的共同价值"，明白"未来世界中的责任担当"①，才

① 易中天.文明的意志与中华的位置[M].杭州：浙江文艺出版社，2013：63.

能更好发现中国理念，贡献中国智慧。

3. 突出伦理自觉，强化身份认同，助力中国武术的深度传承传播

近代以来，中国一直处于不断转型中，面对西方文明的强势发展，中国人曾不得不“师夷长技”，这样累积下来的文化习惯是部分人以西方价值标准为标准，思维和思想近乎被“殖民”。如此，在思维和思想没有高度主体性的背景下研究形成的知识体系，便不能很好解释中国。这对中国的发展影响极大，因为“任何一个文明的核心就是知识体系……中国文明复兴的关键就是中国知识体系的创造”。①

在“中国是谁”未能很好说清的背景下，中国武术的身份认同也成了问题，由此，武术传承传播的首要任务就是强化身份认同。对于“拳以德立，无德无拳”的中国武术而言，强化身份认同的关键是突出伦理自觉，以高度主体性重建具备“中国特色、时代特征、武术特性”的新时代武德，这不仅是中国武术突出伦理自觉、强化身份认同、助力传承传播的重要选择，也是创造知识体系、解释何为中国的重要过程。

4. 发展中国武术道德话语体系，促进中国特色哲学社会科学建设

中国学术在从传统向现代的结构性转换过程中，学术思想、话语体系等曾受西方话语强烈渗透。但伴随中国社会的快速发展，已有话语的表达力和阐释力愈显不足，越来越不能准确、深入地表达中国、阐释中国。如此，新时代中国尤须加强话语体系建设，在解读中国实践、构建中国理论上更加自觉地把中国“中国化”，并不断扩大在国际上的声音，“以逐步改变一百多年来把中国‘西方化’这样一种趋势与现状”②，这需要从每个学科的具体学科建设着手。

就武术领域而言，基于中国武术的历史发展及当代实践，以习近平新时代中国特色社会主义思想为指导，对标社会主义核心价值观，提炼新概念、概括新范畴、形成新表述，构建新时代武德，本质上是在打造与

① 郑永年.通往大国之路：中国的知识重建和文明复兴[M].北京：东方出版社，2012：1—2(出版说明).

② 王学典.把中国“中国化”：人文社会科学的近期走向[M].上海：上海人民出版社，2017：30—46.

当代社会相适应的中国武术道德话语体系。这种努力与近年来整个中国精神气候、文化气候、学术气候本土化发展的大势相吻合,有助于加速中国特色哲学社会科学的建设进程。

5. 融技术修习与道德养成为一体,重建新时代习武者的精神世界

提出社会主义核心价值观,根本上是为重建中国人独特的精神世界。构建新时代武德,则是为了在新时代的坐标下,重塑习武者的精神世界,提升习武者的人生境界。“境界凝结了个体的全部生活,是基于整个实践过程而达到的个体整合与统一。个体的这种整合与统一,从一个方面展示了存在的具体性,而境界的提升,则相应地意味着不断走向或回归具体的存在。”①就习武者而言,这种具体的存在具有双向性。如邵雍所说“我性即天,天即我”,意在展现思想的“上下双回向”。“我性即天”是上回向,我的本性可以提升直至天的境界;“天即我”是下回向,要从高远的层次回到具体的我的生命中。唯其如此,人的精神才有无限超越的可能性,同时人也不会因而鄙视现实的一切。②

中国武术伦理观将此具体化为技术修习与道德养成,技术修习是具体的、实际的、下回的,道德养成是高迈的、超越的、上回的,但二者却彼此不离、互渗互融,在上下双回向的互动中,不仅促进了习武人群的道德养成,也为其武术技术的修习提供关键指引,进而完成对习武者精神世界的重建和人生境界的提升。

二、构建新时代武德的基本原则

1. 与社会主义核心价值观的取向内在一致

社会主义核心价值观集中体现了中国特色社会主义在国家、社会、个人层面的价值取向与规定,是新时代中国人的基本价值遵循。构建新时代武德,旨在进一步丰富社会主义核心价值观的价值内涵,将其更好地转化为习武者的情感认同和行为习惯,因而必须与其取向内在一致。

---

① 杨国荣.伦理与存在:道德哲学研究[M].北京:北京大学出版社,2011:60.

② 方东美.中国人生哲学[M].北京:中华书局,2012:18.

所谓“内在一致”，要求新时代武德，从性质上以习近平新时代中国特色社会主义思想为指引，在内涵阐释和话语表达等方面体现鲜明的中国性和时代性；从内涵上体现武术特色，与社会主义核心价值观相承接，并有所侧重地对其做出进一步丰富，实现其在武术领域的具体化发展；从逻辑上与内涵相适应，凸显中国特色，以塑造自由而全面发展的人作为根本目标，服务于习武者的道德养成和境界提升；从形式上言简意赅、易记易传，为其进行深入传播、获得高度认同提供保障。总之，要突破表达形式、表述方式的外在束缚，而真正着意于内在价值旨趣的贯通与协调。

2. 具有适度的超越性和强大的感召力

中国和西方的不同，根本原因在哪里？一个是一个世界，一个是两个世界。①西方的“两个世界”，将真理、本源置放在超越于这个世界的另一个世界，因而形成强大的超越性和感召力。与此不同，中国的“一个世界”也有其独特呈现超越性、散发感召力的方式，发展出如希尔斯所说“令人敬畏、使人依从的神圣克里斯玛特质”。②中国人习惯于把天地万物看作一个有机整体，天地万物在大化流行中一气相通，人作为万物之中最可贵者，可通过持续的不断提升的道德修养，尽己性、尽人性、尽物性，最终参赞天地化育，与赋予人类以秩序和道德的天地并列而三。新时代武德理应立足于中国“一个世界”的根本特色，以武术技术为载体，在天地万物一气贯通的大化流行中，提炼出具有适度超越性和强大感召力，能够最大限度体现当代习练者价值共识的伦理观念和道德标准，以更好凝聚人心、振作精神、引领方向。

3. 具有世界意义、反映历史进步方向

西方不是世界的全部，也绝非世界未来的当然范式。从人类文明未来发展的大视野出发，必须具备从世界意义的高度提炼中华文明核心价值的深度自觉。由此，武术面向世界的道德标准提炼，似不宜过度宣扬某些有一定局限性的观念，唯有更多宣扬来自中国的具有世界意义、面

---

① 李泽厚，等.什么是道德?:李泽厚伦理学讨论班实录[M].上海：华东师范大学出版社，2015:44.

② 希尔斯.论传统[M].2 版.傅铿，吕乐，译.上海：上海人民出版社，2014:4.

向全人类的价值观，才能更好让国际习练者形成价值认同，进而对武术的文化母体产生浓厚兴趣，展现出中华文化的强大感召力和吸引力。其间体现出的是“表面之无”与“实际之有”的辩证关系。所谓“世界意义”，还从某一层面反映了人类历史进步方向，是当前人类之所求，也是未来人类之所需。这就要求新时代武德的提炼，要反映历史进步方向，与人类发展愿景相一致，如此“基于历史发展，关照社会现实，考虑未来方向，才能真正具备世界意义，占领道德制高点，成为具有引领和感召功能的软实力”。①

4. 突出武术特征、言简意赅、易记易传

新时代武德的提炼，是对社会主义核心价值观的具体化丰富和发展，需要从武术的维度进一步强化人们对于中华文明的价值认同，因而必须更加鲜明地突出武术特征。例如，可与武术练用“一胆二力三功夫”的具体实际相结合，大力阐扬“勇”德价值，引导人们向文武兼备的方向发展，助力社会健康运行。这不仅突出了武术特征，也是对于中华文明“勇”德的提振。因为，尽管《礼记·中庸》将“勇”提至“三达德”的高度，但在重文轻武的历史惯性中，“勇”德实际上常游离于人们的价值旨趣之外，于现实生活中远未成为人们的实践自觉，甚至只是一种流于高蹈的道德谈资。同时，还应遵循言简意赅、易记易传的原则。从内涵与功能方面考虑，言简意赅才能更好突出核心价值、彰显根本追求，在纲举目张中发挥价值引领功能。

三、构建新时代武德的理论来源

1. 马克思主义的基本立场、观点与方法，对构建新时代武德有指导性意义

人民的立场是马克思主义的基本立场，是马克思主义观察、分析和解决问题的根本立足点和出发点。实践的观点、生活的观点是马克思主

① 韩震.“民主、公正、和谐”体现了社会主义的核心价值追求——兼论社会主义核心价值观的凝练及其原则[J].红旗文稿，2012(6)：8—12.

义认识论的基本观点，实践性是马克思主义理论区别于其他理论的显著特征。辩证唯物主义和历史唯物主义的世界观和方法论是马克思主义的基本方法。构建新时代武德需以马克思主义的基本立场、观点与方法为指导，深入思考建设什么样的新时代武德，怎样建设新时代武德。也即，应站在以人为本的根本立场理解武德，以实践的、发展的眼光观察武德，运用辩证唯物主义和历史唯物主义的世界观和方法论系统构建新时代武德。比如，新时代武德力求融技术修习与道德养成为一体，是基于实践的眼光；着力反映历史进步趋势，满足人类发展愿景，是基于发展的眼光。

2. 习近平新时代中国特色社会主义思想，对构建新时代武德有引领性意义

习近平新时代中国特色社会主义思想，作为马克思主义中国化的最新成果，是全党全国人民为实现中华民族伟大复兴而奋斗的行动指南，“八个明确”和“十四条坚持”深刻阐释了其丰富内涵、精神实质和基本方略，也引领着新时代武德的构建方向。从具体内容来看，社会主义核心价值观、人类命运共同体思想、总体国家安全观、新发展理念，对构建新时代武德具有更为具体的引领性意义。其中，社会主义核心价值观更是构建新时代武德的基本遵循，为新时代武德提供基本价值支撑。

3. 中国武术的实践经验及伦理道德观念，对构建新时代武德有根源性意义

中国武术的实践经验及伦理道德观念是新时代武德的源泉，主要包含三方面：一是武术历史发展与当代实践的规律提炼和经验总结，从历史维度探求武术的精神传统和价值追求，从现实维度发现中国人乃至全人类的时代困惑与社会理想，进而在历史与现实的融通中实现超越；二是武术在历史中形成的各种伦理道德观念，主要是指那些对当代发展仍有重要价值的优秀伦理观念和道德标准，思考其如何完成“传统的现代回归”①；三是武术与作为其发展背景的中华文明的互动经验，主要思考

① 李朝旭.广东本土武术拳种缘起新说[J].文化遗产，2020(4)：40—48.

武术是如何在与中华文明的互动中形成各种伦理观念和道德标准的，中华文明的那些“一般知识与思想”①是如何皴染成习武者文化底色的，中华文明的那些经典观念与思想又是如何嵌入习武者精神世界的。这些思考对于立足新时代，构建与时代需求相适应的新时代武德，具有深层启发意义。

4. 以西方文明为主的世界文明有益成果，对构建新时代武德有参照性意义

基于人类命运共同体思想构建新时代武德，不仅不能离开对作为中国武术伦理母体的中华文明的深入理解，同样也不能脱离世界文明的大格局，缺少来自其他文明的价值参照，因为中国人的生存、中国武术的发展早已进入全球化的境地。新时代武德的构建，“必须以世界其他文明模式的存在为生态前提，借鉴人类优秀文明成果，批判性超越西方现代文明”②，才能更好彰显中国性、体现时代性、展现世界性。当然，在当今世界西方文明最为强势，构建新时代武德理应给予其足够关注，但着眼于真正的“世界意义”，却也绝不能忽视其他文明的价值。

四、构建新时代武德的具体思路

为了更好践行社会主义核心价值观，弘扬中国武术优秀伦理观念，搭建武术领域中国特色伦理架构及道德话语体系，重建新时代习武者精神世界，服务于中国特色社会主义道德建设和全球伦理良性发展，本研究秉承与社会主义核心价值观的取向内在一致，具有适度超越性和强大感召力，具有世界意义、反映历史进步方向，以及突出武术特征、言简意赅、易记易传等基本原则，拟以马克思主义的基本立场、观点、方法为指导，以习近平新时代中国特色社会主义思想为引领，以世界文明有益成果为参照，紧密结合新的时代条件和实践要求，从中国武术历史发展与

① 葛兆光.中国思想史(导论)[M].2 版.上海：复旦大学出版社，2013：12—13.

② 刘建涛.社会主义核心价值观——重构中国现代文明秩序的时代自觉[J].北京师范大学学报(社会科学版)，2015(5)：5—10.

当代实践的具体实际出发，对中国武术在历史中形成的各种伦理道德观念进行创造性转化和创新性发展，贯通“人际、身心、天人”的三重维度，以“一字”与“二字”的二级递进形式，融技术修习与道德养成为一体，构建突出“中国特色、世界意义、时代特征、专业特性”的新时代武德。

之所以着力贯通“人际、身心、天人”的三重维度，是因为中国传统文化有追求“融通”的品格，认为天、人、身、心本为一体。基于此，习武者在协调人际、修养身心、默契天道的持续修习中，逐步理解人际、身心、天人伦理间的内在相通和互为支撑，在天人相通、内外相通的高峰体验中不断确认“道”的存在。如此，习武者便走出了自我中心，“在大化流行的普遍联系中重新发现真正的自我，寻找自身生命在大千世界之大化流行中的恰当位置，力图搞清‘我是谁’‘我从哪里来和我要到哪里去’，为自己的行为定位和定向”。①这对在天人分离、身心割裂中造就的现代文明而言，具有重要理论和现实价值，也凸显出新时代武德的超越性。

之所以选择“一字”与“二字”的二级递进形式，意在参照社会主义核心价值观与社会主义核心价值体系的关联，着力融合新时代武德的核心观念与核心观念体系。一字式的几个字构成新时代武德的核心观念，即新时代武德核心，从关键处引领习练者价值取向；二字式的几个词组从一字式的几个字衍生而出，构成新时代武德的核心观念体系，即新时代武德核心体系，从总体上规范习练者的伦理行为。另，选用一字式表达核心观念，还因传统中国有一字式表达价值观的习惯，如“仁、义、礼、智”“忠、孝、节、义”等。黄百家《内家拳法》亦指出“存心之五字：敬、紧、径、劲、切。故精于拳者，所记止有数字。”考虑到传统中国“仁、义、礼、智、信”五字价值观的影响最为广泛而深远，借助其所建构起的认知惯性，本书亦以五字提炼新时代武德核心。

之所以强调融技术修习与道德养成为一体，意在凸显武术的实践特性。武术常将道德要求与技术习练融为一体，贯通人际、身心、天人伦理的三重维度，同步实现习练者技术水平和道德境界的提升。之所以突出

① 阮纪正.至武为文：中国传统武术文化论稿[M].广州：广州出版社，2015：332—333.

“世界意义”，是因为新时代武德的适应群体不仅限于中国人，而面向世界范围内的武术习练者。“只有基于历史发展，关照社会现实，考虑未来方向，才能真正具备世界意义，才能占领道德制高点。”①

综上，研究认为新时代武德核心为“敬、义、勇、恒、和”5个字；新时代武德核心体系为“诚敬、信义、智勇、专恒、正和”5个词组。显然，后者所加几字不仅本身蕴含深刻，也进一步深化或限定了前者蕴含，使整个德目散发出新的伦理意蕴。比如，“正”与“和”连用，不仅为“尚和”限定了“守正”的前提，还使“正和”散发出“正大光明、和而不同”的精神气度和价值取向。可见，新时代武德包含两个递进层，第一层是新时代武德核心，仅5个字，互相关联、互为支撑，简明扼要、易记易传；第二层是新时代武德核心体系，围绕第一层在五字前各加一字扩展为5个词组，容易通过联想被记住，且彼此关联、内在契合，言简意赅、便于记诵、易于传播。新时代武德的结构、序列和重心安排，并非随意为之，其间差异反映了习练者的价值焦点所在和理想人格预设。

五、新时代武德阐释

1. 敬与诚敬

至少自西周始，礼在传统中国便已不仅是“世间人际的约定，而被视为天地宇宙的普遍法规”②，如“凡礼之大体：体天地，法四时，则阴阳，顺人情，故谓之礼”（《礼记・丧服四制》），“夫礼，天之经也，地之义也，民之行也。天地之经，而民实则之”（《左传・昭公二十五年》）。可见，礼在天地间无所不包，贯通人际、身心、天人三维度，对于中国人极其重要，以致《礼运》严正指明：“夫礼，先王以承天之道，以治人之情，故失之者死，得之者生”。礼的本质是“敬”，如“礼，国之干也；敬，礼之舆也，不敬则礼不行”（《左传・僖公十一年传》），“经礼三百，曲礼三千，一言以蔽之，曰：毋

① 韩震.“民主、公正、和谐”体现了社会主义的核心价值追求——兼论社会主义核心价值观的凝练及其原则[J].红旗文稿，2012(6)：8—12.

② 李泽厚.由巫到礼　释礼归仁[M].北京：生活・读书・新知三联书店，2015：51.

不敬”（范祖禹），均凸显出“敬”在中国人心中的核心地位。

武术习练格外重“敬”，如《内家拳法》“存心之五字：敬、紧、径、劲、切”，以“敬”字为首；《学拳须知》第一条即强调“学太极拳不可不敬。不敬则外慢师友，内慢身体。心不敛束，如何能学艺！”《太极拳经谱》也指明，“浑然无迹，妙手空空。若有鬼神，助我虚灵。岂知我心，只守一敬。”因为礼是贯通人际、身心、天人三维度的，作为礼之本质的“敬”，当然也具此融通品质。所谓“外慢师友，内慢身体”“岂知我心，只守一敬”即已贯通三维：师友关系属人际伦理，训练中的协调身心和默契天道则分属身心和天人伦理。因此，新时代武德核心应以“敬”为首，才能更好协调人际、修养身心、默契天道。

“敬”的内涵十分丰富。《论语·里仁》曰：“夫子之道，忠恕而已矣。”《说文解字》把“忠”解释为“敬”，即指做人做事要恭敬谦逊、尽己所能、全心全意。“恕”是“虑及他人”，尊敬他人的行为及意志自由。可见，“敬”是忠与恕的实质所在。“敬”还蕴含“平等”思想。世界普遍伦理的金律“己所不欲，勿施于人”，所蕴含的根本观念便是人人平等的互敬思想。其实，武术对于生命的护持，也正根源于众生平等的生命观，即天地间每个生命都需得到敬重。由此，新时代武德之“敬”与社会主义核心价值观的“敬业、爱国、平等、自由、文明、民主”有相通性。

“诚”即真实无妄、诚心实意。“诚”为道德之本原，没有诚的所谓道德就是虚伪，正所谓“圣，诚而已矣。诚，五常之本，百行之原也”（《朱子语类》卷六十四）。与西方文化以契约精神和功利原则为基础来理解诚不同，中华文明更为本质地将“诚”上升到天道和人道的本体论高度，在天、人、身、心互相融通的意义上加以凸显，如《孟子·离娄上》认为“诚者，天之道也；思诚者，人之道也”；《传习录》强调“诚是心之本体，求复其本体，便是思诚的工夫”；《中庸》把“诚”与天道、与成己成物联系起来，认为无诚不能做人做事，故“不诚无物”，至诚则可尽己性、尽人性、尽物性，故“至诚如神”。①

---

① 牟钟鉴.中国文化的当下精神[M].北京：中华书局，2016：58.

基于此，武术才有“心意诚于中，而万物形于外……天地万物形体合一也”(《形意拳拳谱》)这种以“诚”打通万有、和融莹彻的高妙之境。正如二程、朱子、王阳明基于天人一本之诚谈天说理论心①，习武者劲力修习明劲、暗劲、化劲的逐次进阶，以及真实无妄、成己成物的道德提升，也均以“诚”为始，因为“理为精、气、神之体，精气神为身之体。身为心之用，劲力为身之用。心、身有一定之主宰者，理也，精、神、气有一定之主宰者，意诚也。诚者，天道；诚之者，人道。俱不得外意念须臾之间”(《太极体用解》)。故，“诚”应为新时代武德核心体系之始，同时也展现出其与社会主义核心价值观“诚信、敬业”的相通性。

“凡人所以立身行己，应事接物，莫大乎诚敬”(《朱子语类》卷一一九)。诚与敬相连构成的“诚敬”，展现出一种真诚、质朴的敬谨情怀。扬弃了封建等级意识的“诚敬”之德，融技术修习与道德养成为一体，贯通人际、身心、天人伦理三维度，理应成为新时代习武者的首要之德。

2. 义与信义

作为一种普遍被接受的德行，“义”的基本意义可以从合理或者正当的角度来理解②，强调的主要是一种基于客观事理的应然选择，但在“门内之治恩掩义，门外之治义斩恩”(郭店竹简《六德篇》)的传统中国，其多存于血缘亲情外。相对而言，西方标榜的“正义”则脱离了家(私)的关系，作为平等的城邦自由民的政治关系(公)的准则，高悬法庭，理性至上。③因此，新时代武德之“义”，应适当吸收西方标榜的“正义”的理性至上精神，才更具世界意义，更合当代习武者具体实际。须知，当代习武者间多是现代意义上的老师、同学关系，而非古代那种模拟血缘的“师门”。

新时代武德提倡“义以为上”，引导习练者在生活实践中“见利思义”，但并非完全否定利，而要“有义、有道、有德、有法，形成一种义与利相统一的价值观、义与利相协调的利益观、义与利相协同的道德观，以此

① 成中英.新觉醒时代：论中国文化之再创造[M].北京：中央编译出版社，2014：352.

② 袁行霈，严文明，张传玺，楼宇烈主编.中华文明史(第一卷)[M].北京：北京大学出版社，2006：367.

③ 李泽厚.伦理学纲要[M].北京：人民日报出版社，2010：190.

达成对物质追求和精神安顿的双重超越"[①]。因此，新时代武德之"义"与社会主义核心价值观的"公正、法治、富强"相关联。另，新时代武德核心"义"在"勇"前，是基于传统文化对"义以为上"价值取向的推崇，如孔子明确指出"君子有勇而无义为乱，小人有勇而无义为盗"(《论语·阳货》)；关公虽为武圣，却以"尚义"著称。在习武者的深层意识里，"勇"固然重要，但"勇"的目的是行"义"，甚至舍生取义。

在中国武术的话语习惯里，"义"不仅是人际伦理的行为准则，也是技术练用的重要标准，如"见利思义"不仅是太极推手的重要原则，其内涵更蕴藏于各种拳论之中。比如，陈子明论"太极拳之要点"，要求"无贪无妄：习太极拳最忌贪多，尤戒妄动，凡运用与姿势均须求其正确，庶练成后不致犯病，而精进自易"。[②]贪与妄是利之所在，无贪无妄便是思义的功夫。见利思义的武术修习过程，正是合理协调身心、象天法地的过程，其对身心伦理和天人伦理观念的持续校正，必然深刻影响到习武者的人际伦理观。

"信近于义，言可复也"(《论语·学而》)，"义"可提升人际信任度与依赖性，与"信"紧密相关。守信不仅是人际层面的要求，也是身心和天人层面的规定，是对人之本性和良知的回归，更是对宇宙存在的价值肯定。在此人际、身心、天人三维贯通的伦理意义上，武谚"人讲信义，拳见正义"才更显示出其基于人性与天道的道德深刻性；《史记·太史公自序》所谓"非信、廉、仁、勇，不能传兵论剑，与道同符……君子比德焉"，才更显示出"与道同符"而"比德"的依据所在。可见，新时代武德之"信"主要与社会主义核心价值观的"诚信"内在相通。

西方伦理传统把"信"视为社会成员的一般义务，正面意义上的遵守诺言或反面意义上的不说谎，始终是西方伦理一再要求人们履行的责任。[③]但新时代武德之"信"不是无条件的，合于"义"是其基本要求与依

① 孙泊.先秦儒家义利观的思想实质与时代构建[J].南通大学学报(社会科学版)，2018，34(2)：26—31.

② 沈家桢，顾留馨.陈式太极拳[M].北京：人民体育出版社，1994：331.

③ 杨国荣.伦理与存在：道德哲学研究[M].北京：北京大学出版社，2011：95.

据。张载明确指出:“君子宁言之不顾,不规规于非义之信”(《正蒙·有德》)。中国社会科学院调查表明,“2014 年我国 8 大城市人际不信任进一步扩大,只有不到一半的调查者认为社会上大多数人可信,只有两到三成信任陌生人。同时,不同阶层、群体间的不信任也在加深和固化。”①这进一步凸显了“信义”之德的重要性。总之,“信义”之德主要从行为准则的意义上,为新时代习武者提供行为标准。

3. 勇与智勇

作为一种与人相争的技击之学,武术对“智、仁、勇”三达德之“勇”德极为重视,如少林拳将勇列入六字真诀,通背拳要求心法慧勇。这是因为“一胆二力三功夫”,没有胆量和勇气与人较技,功夫再好也很难取胜。而一旦勇气十足,则往往可克敌制胜,如形意拳谓“胆要大,心要细……五行合一处,放胆必成功”(《战手要法》),少林拳谓“一虎能胜十人胆,临敌要有十虎勇。一人胆大百人怕,孤将勇猛万夫惊”(《少林交手要诀》)。为此,各拳种流派均极为重视研究“勇”德提升之法,如少林拳《五官合心法》认为,“口与心合益勇,口的动作有助于力的增生,可使勇气旺盛”。总之,“勇”已成为真正习武者的基本特征,成为世人对习武者的基本印象,正所谓“无拳无勇”。可以说,“勇”德是习武的基本德性,对于“勇”德的培养,是武术的基本要求。

“小勇,血气所为。大勇,义理所发”(《孟子集注》梁惠王章句下)。习武者重视“勇”,但真正看重的并非争于气力的“血气之勇”,而是以大义为准则、以正义为准绳的义以为上的“义理之勇”。“血气之勇”实为“小人之勇”,往往无所不敢,甚至残暴轻死,罔顾道义。“义理之勇”实为君子具备的“大人之勇”,虽勇气十足却内敛含蓄,不仅蔑视好勇斗狠之徒,还严正指出“好勇斗狠者,不传”,“倘有无知门徒,矜强恃勇,欺良凌弱,此断非吾道中所可许也!”②,但若“大义当前”,则“努力躬行……至死不顾”(《武士须知》)。这种对“勇”的价值取舍,促成了习武者在与大义

① 徐秀娟,高春花.当代中国社会诚信道德的缺失与重构——以社会主义核心价值观建设为视角[J].伦理学研究,2016(4):13—16.

② 万籁声.武术汇宗[M].天津:社会科学院出版社,2007:285.

无涉时非同一般的忍让精神，如《短打十戒》要求“横逆相加只可理说排解，勿妄动手脚”，“无故不可对手，好胜莫与交锋，即逼迫难已，宁拜下风。”可见，新时代武德之“勇”可扩充社会主义核心价值观的刚健精神，同时也与“和谐、友善”的价值观内在相通。

这种以大义为准则的义理之勇，在新时代可转化为“智勇”。所谓“知者不惑”（《论语·子罕》），“是非之心，智也”（《孟子·告子上》），作为三达德之首的“智”，是一种不为所惑的深刻洞察，更是一种明辨是非的道德理性，与社会主义核心价值观的“文明”观念内在相通。如此，“智勇”主要就是明辨是非、有勇有谋，是习武者以训练后智慧和勇气的提升为基础，在明是非、别善恶基础上的一种义以为上的大勇。“智勇”关涉的也不仅是人际伦理，还深入到身心和天人的维度，如武术对于习练者心智的提升、勇气的扩充，使其身心关系不断调整，而为更好提升心智、扩充勇气又需不断师法自然。这种贯通天、人、身、心的“智勇”之德，可使习练者融技术提升与道德养成为一体，在当代社会极具价值。

“智勇”之德在西方也备受推崇，如“古希腊四德”为理智、正义、节制和勇敢，其中的理智和勇敢与“智勇”关联紧密，而正义和节制也与“智勇”有所为有所不为的道德选择相关。由此，新时代武德之“智勇”，在某种意义上实现了对古希腊四德的超越，其在天人伦理层面的关涉，更与古希腊四德有明显区别。这种关联与区别，进一步凸显了新时代武德之“智勇”的世界意义与中国特色。与“诚敬”“信义”之德相比，“智勇”之德主要从方法学意义上，为新时代习武者提供心态支撑和行为标准。

4. 恒与专恒

人性总倾向于好逸恶劳，要真正做到“恒”是很难的，但也正因其难，“恒”才成为一种很重要的德性。中国传统文化十分重视“恒”，周易乾卦所谓“天行健”就是叫人日日进步，不可中止。周易的今本与帛本两种卦序排列，恒卦皆处于中心地位。[①]其实，中国文化特别是儒学，从上古的礼乐、孔子的归“礼”于“仁”、孟子的“养气”“持志”，到宋明理学朱熹的“格

① 李泽厚.由巫到礼　释礼归仁[M].北京：生活·读书·新知三联书店，2015：73—74.

物致知”、王阳明的“致良知”、刘宗周的“诚意”等，都是强调经过艰苦的道德锤炼以建构理性凝聚的心理形式①，都以“恒”德为基础。正所谓“恒，德之固也”(《易·系辞下传》)，唯有持之以恒，才能使道德稳固。诚如亚里士多德所言，“正义之德性的培育有待于通过持续的训练，训练德性就如同锻炼肌肉的强度”；康德也认为，“我们克服恶的倾向，离不开对自身行为持续的改造，这是由长期的劳作过程所支撑的”。②

对“长功不易，退功如潮”“久久为功，搁下稀松”的武术修习而言，“恒”德尤显重要，故有“练拳容易坚持难”“一日练一日功，一日不练十日空”的肺腑之语。“恒”德不仅关涉人际伦理，因若无恒心可能根本就无师可从，如《十不传》明确指出“不传半途而废的”；更关涉技术修习中的身心和天人伦理，如侧重身心伦理的“每日细玩太极圆，一开一合在吾身……只要功久能无间，太极随处见圆光”(《太极用功七言俚语》)，重在天人伦理的“太极拳中路，功夫最为先。循序无逷等，人尽自合天”(《咏太极拳五言俚语》)等，而所谓“至于用力之久，而一旦机趣横生，妙理悉现，万殊一本，豁然贯通焉”(《太极拳经论》)之论，则不仅内涵身心和谐之妙，还葆有天人合德之美、交胜之趣、一体之道。如此，“恒”德融技术修习与道德提升为一体，实现了人际、身心、天人的三维贯通，主要与社会主义核心价值观的“敬业”内在相通，理应成为新时代武德的核心观念。

“恒”以“专”为前提，不专虽恒，仍不能达到很高水平。比如，某人虽一直坚持习武，但若今日习该拳，明日习他拳，后日又换一拳，则长久下来，可能任何一个拳种都不能真正掌握，这种“恒”的意义也就大打折扣。故各拳种均极其重视“专”，如太极拳《口授穴之存亡论》指出：“果其有始有终、不变如一，方可将全体大用之功授之于徒也。”此处，须深刻洞悉少与多的辩证关系，学会舍弃，才能更好拥有。以传统形意拳训练为例，师傅若真想成就徒弟，往往会让其在长时间内只是站桩，甚至有“站桩三年”的说法，因为“万法不离三体式”，当在以三体式为代表的桩功训练上

① 李泽厚.伦理学纲要[M].北京：人民日报出版社，2010：13.
② 甘绍平.对人类增强的伦理反思[J].哲学研究，2018(1)：116—125.

真正有所得后，对五行、十二形等技法练习将一通百通。然若只为应付学生，则会在短时间内将桩功、五行拳、十二形等诸多内容一股脑地塞给学生，这样表面上学生于短时间内学了大量技法，但实际却无真正精通者。①当代学校武术教育当然不可能让学生“站桩三年”，但其中显示出的少与多的辩证关系、以少驭多的哲学智慧，则是新时代武德理应提倡的。新时代武德之“专”与社会主义核心价值观的“敬业”内在相通，也蕴含着“诚”的韵味，以及对于“专恒”可实现的“自由”的期待。

“专恒”之德主要为新时代习武者提供了一种保障，习武者以诚敬之心、信义之则、智勇之法，作专恒之行，必可期非凡之成。当然，“学者但‘先难’可也，至于‘后获’，则当置之度外。不可以毫发望效之念，中分吾专心致志之功”(太极拳《界限》)，如此专恒才真正切中肯綮。

5. 和与正和

以西方为主导的现代化快速发展，为人类创造了空前的物质条件，却没能使我们的心灵更宁静一些、心态更平和一些、行为更从容一些，而似乎物质总是与喧嚣同在，甚至扰动了更多不和谐的因子。考察中华文明，其始终以道德为根本，以天、人、身、心的和谐为追求，尤其汉武帝以后，儒家占据了主导地位。这样，和谐就成为整个中国传统文化的最高价值原则，规定了中西文化的基本差异。②因此，我们理应充分认识和大力发扬中华文明崇尚和谐的价值观，以人际和谐纠正西方的弱肉强食和霸权主义，以身心和谐缓和西方的二元对立和身心焦虑，以天人和谐改善西方的人类中心主义和征服自然思想。总之，就是要以中华文明重和尚通、和而不同的道德智慧，完善全球伦理的发展，推动人类不同文明间的交流与互鉴。

武术伦理始终将“和谐”作为其最高追求，在人际层面上，既讲原则性，又重灵活性，以诚实互敬为基础，以尚义大勇为准则，尽力完成对冲突的超越，不断趋近和而不同的理想境域；在身心层面上，以“六合”等理

① 李守培，郭玉成.传统武术技术体系的标准化及其对策研究[J].体育科学，2015(2)：81—89.

② 张岱年，程宜山.中国文化精神[M].北京：北京大学出版社，2015：163.

论为指导，通过“外三合”与“内三合”的不断进阶，逐步提高身体内外和谐如一的水平，使得技击能力不断提升，深层自我亦得以合理表达；在天人层面上，努力“尽生灵之本性，合内外之圣道，赞天地之化育，参天地之神工”①，于追求“同于天”的过程中，不断实现自我超越，趋近道德自我的最高境界。

新时代武德核心理应承继武术伦理对“和”的根本追求，亦视其为最高价值。如此，习武者在大化流行中便能善体广大和谐之道，充分实现自我，表现出和谐之美。当然，由于社会性质不同，传统社会中的武术伦理之“和”，强调道德自律，却往往少了建基于法律之上的公平正义。新时代武德之“和”，则不但要求道德自律，与社会主义核心价值观的“和谐、友善”内在相通，还应突出基于法律之上公平正义的一面，以“正”为前提。

“正”是新时代武德的内在要求。从人际伦理角度，与社会主义核心价值观的“公正、法治”内在相通，要求遵纪守法、为人正派、处事公正、弘扬正气，如太极拳《口授穴之存亡论》要求“不授心术不正之人。”从身心伦理角度，要求无偏不倚、身法端正，如此则上下通达、气血流转，身法稳健、身心易合，如《手臂录·治身篇》指出“持龙之道，身心为本，身法不正，则心无主，而手足失措”。从天人伦理角度，要求师法万物、以正身心，在对正己至善的不断追求中，实现天人合德、万物一体。可见，新时代武德之“正”实际上是一种不断向内用力的功夫，以格物为正心，在不断格心、正心的过程中，求得武术自家“良知”。这种求“正”的模式，有益于养成人际、身心、天人的普遍和谐之气，为当代社会所亟须。

数千年来，中国人对生命问题一直是以广大和谐之道来旁通统贯。②新时代武德秉承这种典型的中国特色，以饱含时代特征的“正和”观念作为习练者的根本追求，不仅如《太极拳著解》所言，“心之所发者正，则手之所形者亦正……躁释矜平，而后官骸所形自然中规中矩”，有益于习练者武术技术的提升；还着力突出习练者道德禀赋和道德实践的主观能动

① 方东美.中国人生哲学[M].北京：中华书局，2012：105—106.

② 方东美.中国人生哲学[M].北京：中华书局，2012：94.

性，通过修养自身而通达于天，实现精神上的超越，获得心灵上的平和，进而在"人际、身心、天人"的不同层面上均能和悦相应，以普遍的世界价值，助力全世界习练者完成幸福愉悦的人生。

小　结

伦理随时代而变，道德领时人之心。中华文明素以伦理道德为核心，在世界范围内将伦理道德发展得最为充分、最具特色。武术则从"武"的维度诠释着中华文明的道德追求，在不同历史时期不断演变发展。当前，面对世界范围内的伦理道德问题及国际国内形势的深刻变化，全球视域下新时代武德的构建迫在眉睫。本研究构建的以"敬、义、勇、恒、和"为核心，以"诚敬、信义、智勇、专恒、正和"为体系的新时代武德，在贯通人际、身心、天人伦理的同时，尤其突出技术修习与道德养成的一体性。我们坚信，全世界武术习练者不分地域，以诚敬之心、信义之则、智勇之法，作专恒之行，必可入正和之境。彼时，他们将以独特而共通的精神世界，在对中华文化的倾心向慕与自觉传承中，构建起心心相通的武术共同体。

要　论

中华民族以数千年积淀孕育了“伦理本位”的社会和“崇德向善”的文化。中华文明的绵延挺立和经久不衰，根本上有赖于中华民族自商周之际便已逐渐树立起的道德根基，之后中华民族形成的最突出的成就与最明显的局限都与它作为主导倾向的伦理品格有关。纵观历史，中国武术始终和中国传统伦理与道德积极互动，储备了丰富的伦理智慧和道德资源，从“武”的维度形成了自成体系的伦理思想和道德标准，确立了“拳以德立”“无德无拳”的文化形态，进而彰显出鲜明的伦理特质和道德倾向，堪称中国传统伦理文化与道德思想之典范。将中国武术的伦理与道德作为研究对象，厘清其基本结构，进而探讨武术伦理的历史形成，思考武术道德的新时代构建，对于理解武术发生发展的精神命脉，弘扬武术优秀伦理思想和道德观念，推进武术伦理和道德的学术体系、话语体系建设，落细落小落实社会主义核心价值观，确立武术在新时代发展的道德根基，服务中国特色社会主义道德建设和全球伦理构建，均有积极意义。

“伦理”与“道德”有区别也有联系。它们均涵盖人与人、身与心、天与人三种关系，但伦理的范围大于道德，伦理所指包含实然和应然两方面，而道德则仅限于应然的方面。在应然的方面，“伦理”与“道德”意义一致。中国武术的伦理与道德，也应包含人与人、身与心、天与人之间的三种关系，即涵盖“人际、身心、天人”三维度。其中，人与人之间的关系，不仅指个人与个人之间的关系，也包含个人与社会、团体之间的关系；身与心之间的关系，不仅指身体与意识之间的关系，而是总括了身体内外、四肢百骸、意识思想各部分间的所有关系；天与人之间的关系，主要指自然之天和道德之天与人之间的关系，基本不包含宗教中所谓神灵、上帝之类的主宰之天，而其中的自然之天则是对天地间自然万物的统称。

传统武术人际伦理的核心观念是忠孝为首（孝悌忠信、尊师爱国）、重义轻利（任侠厚施、义之所在）、群先己后（群己交融、以群为重）、男女有别（重男轻女、拳传己家）、和而不同（经权有道、以和为贵）。从形成缘由来看，特殊的地理环境、经济基础和宗法制度，奠定了传统武术人际伦理的基调；各历史时期的相关学术思潮，强化了传统武术人际伦理的价值取向与判断；统治者伦理教化的刻意渗透，使传统武术成为教化习练者人际伦理的工具；传统武术习练者群体生存与发展的需要，稳固了其人际伦理的形成与绵延。从历史影响来看，传统武术人际伦理维护了民族稳定和社会正义，也培植了愚忠愚孝、公私不分的土壤；促进了社会温情和人际和谐，也助推了门户之见、江湖义气的滋生；增强了责任意识和担当精神，也孕育了以武犯禁、勇而无礼的现象；提升了精神高度和生命境界，也强化了尊卑有别、轻生漠死的观念；保障了传统武术的稳固传承，也在一定程度上阻碍了它的创新发展。

传统武术身心伦理的核心观念是心专身恒（专心致志、恒以出功）、体悟互成（练以累积、悟以升阶）、形质神用（形神不二、以神御形）、阴阳相济（阴阳互根、亦一亦二）、身心和合（六合为法、和谐为鹄）。从形成缘由来看，中国传统注重内倾的文化特色，引导了传统武术身心伦理的发展方向；武学境界不断提升的内在诉求，推动着习武者对身心伦理的深入参究；武术训练养生旨趣的日益强化，促进了习武者对身心伦理的不断探索；中国人个体性自我意识的觉醒，支撑着习武者对身心伦理的持续追求。从历史影响来看，传统武术身心伦理助推习武者走向慎独的道德境界，也孕育产生了迂腐保守的观念；提供了“深层自我”的表达路径，也滋生了自我专制主义的倾向；造就了传统武术极强的超越意识，也形成了一些过于玄虚的思想；强化了习武者以和为贵的伦理观，也助长了圆熟含混的处事态度；增进了习武者不假外求的自足感，也妨碍了武术认知理性的发展。

传统武术天人伦理的核心观念是天人合德(生生大德、仁之源也)、天人交胜(参赞化育、相待相成)、天人相类(宇宙全息、比附顺应)、天人互融(格物穷理、融摄超越)、天人一体(万物并行、太和高远)。从形成缘由来看,乡土社会对天浓厚的敬畏与归属感,奠定了传统武术天人伦理的基本格调;中国传统文化追求"不隔"的传统,主导了传统武术天人伦理的发展方向;顺天应道、自然有度的养生大原则,稳固了传统武术天人和合的伦理立场;宋明时期格物穷理的主流学术思潮,强化了传统武术师法自然的伦理观念。从历史影响来看,传统武术天人伦理提供了一种体验"无限"的路径,也加重了习武者蹈虚附会的陋习;塑造了习武者博大和包容的胸怀,也滋生了其淡漠人事的消极观念;增强了习武者厚生与利用的思想,也刺激了其个人本位的原始欲望;促进了习武者独立和进取的精神,也酝酿了其缺乏合作意识的习惯;彰显了武术跨越时空的艺术魅力,也强化了习武者盲目尚古的心理。

作为一种伦理型文化的传统武术,在以"人际伦理、身心伦理、天人伦理"为支撑的伦理架构和历史磨砺中,逐步孕育出整个传统武术伦理的根本取向及其实践方法,总体主导了传统武术的精神气质。"和谐"是传统武术伦理的根本取向,就此,以和谐为旨归的武德约律起到外在保障作用,以和谐为追求的武技训练具有内在强化作用。"中庸"是传统武术伦理追寻"和谐"的实践方法,缘于中庸是以和谐为旨归的武德约律的本质思维,是以和谐为追求的武技训练的通达之道。传统武术伦理的和谐之道无止境,也即太和境界不可能彻底实现,但习武者在此和谐之道上贯通人道与天道而完成生命塑造的真实境界,却可因其持之以恒的修习而不断提升。

构建新时代武德是社会主义核心价值观落细、落小、落实为习武者精神追求和道德自觉的关键路径,是新时代中国武术发展的道德支撑。基于社会主义核心价值观,从形成基础、性质、内涵、逻辑、形式等方面,对传统武术的伦理道德观念展开剖析,发现构建新时代武德需以马克思主义为指导,实践地、发展地理解中国武术伦理道德观念;以社会主义核心价值观为基本遵循,彰显中国性、世界性、时代性;以历史与现实相结合的思路，深入揭示中国武术的价值本质与追求；贯通“人际、身心、天人”的三重维度，形成中国特色的表达逻辑；以“一字”与“二字”的二级递进形式，建构辞约义丰的表达体系。

面对世界范围内的伦理道德问题以及国际国内形势的深刻变化，亟待于全球视域下构建突出“中国特色、世界意义、时代特征、专业特性”的新时代武德。秉承与社会主义核心价值观的取向内在一致，具有适度超越性和强大感召力，具有世界意义、反映历史进步方向，以及突出武术特征、言简意赅、易记易传等原则，以马克思主义的基本立场、观点、方法为指导，以习近平新时代中国特色社会主义思想为引领，以世界文明有益成果为参照，从中国武术历史发展与当代实践的具体实际出发，对中国武术在历史中形成的各种伦理道德观念进行创造性转化和创新性发展，贯通“人际、身心、天人”的三重维度，以“一字”与“二字”的二级递进形式，融技术修习与道德养成为一体，构建形成以“敬、义、勇、恒、和”为核心，以“诚敬、信义、智勇、专恒、正和”为体系的新时代武德。坚信全世界武术习练者以诚敬之心、信义之则、智勇之法，作专恒之行，必可入正和之境，对中华文化倾心向慕、自觉传承，于“人际、身心、天人”的不同层面和悦相应，完成幸福愉悦的人生。

附　录

附录一　社会转型期武术伦理研究路径阐释[①]

在数千年跌宕起伏的历史发展进程中，武术伦理规范着武术群体，塑造着武术技法，维系着武术传承，也影响着整个社会。然而在当前社会急剧转型的过程中，“旧的已然破坏，新的却未立起”[②]，武术伦理与社会道德均出现种种问题。因此，以社会转型期为背景，以伦理学学科为依托，以体育伦理研究为参照，进行武术伦理研究，对于武术发展和社会道德建设均有重要意义。

一、武术伦理研究现状评析

1. 取得成就

(1) 研究已有一定的积累

武术伦理研究至今已有一定的积累，比如武术界较早的两篇博士学位论文《传统武术训练理论论绎》(周伟良，2000)、《传统武德及其价值重建》(刘树军，2001)，均大量涉及武术伦理内容；一些武术书著，如《武术学概论》(徐才主编，1995)、《武术理论基础》(全国体育院校教材委员会审定，1997)、《武术哲学》(乔凤杰，2007)等，在不同章节分别涉及武术伦

① 该文发表于《成都体育学院学报》2015 年第 3 期，收入本书时，删除了原第一节“‘武术伦理’内涵厘定”，并对其他节内容加以完善，但主要论点未变，统计数据未更新。之所以如此，旨在让读者更好地理解本研究开启的背景，且 2015 年至今，在武术伦理研究领域，除本书内容在《体育科学》等 CSSCI 期刊陆续刊发外，其他学者虽也有数篇较高质量论文产出，但因数量所限，并未改变总体研究状况，故之前论点仍适用。

② 何怀宏.新纲常：探讨中国社会的道德根基[M].成都：四川人民出版社，2013：40.

理的许多重要问题；一批学术论文，如《析中华武术中的传统武德》（周伟良，1998）、《中原传统武术文化的伦理意蕴及其价值》（李宏斌，2012）、《武术构建中国国家形象的定位研究》（郭玉成等，2013）等，均在不同方面对武术伦理有独特或较深入的见解。一些国外研究成果，如《Theater of Combat: A Critical Look at the Chinese Martial Arts》（Charles Holcombe, 1990）、《Games of Sport, Works of Art, and the Striking Beauty of Asian Martial Arts》（Barry Allen, 2013）等，也涉及一些比较重要的武术伦理问题。总之，已有武术伦理研究尽管还存在许多不足之处，但整体上已形成一定的积累。

(2) 研究已现集中关注点

已有武术伦理研究主要体现为武德研究，涉及武德概念界定、武德起源、武德基本内容、武德价值功能、武德形成的影响因素、武德内涵重构、武德实践路径、武德审美等诸方面。其中，更为集中的领域是武德教育，如《从武德的实质和精神内核探析当代武术教育改革》（杨建营等，2009）、《从德治与法治的视角论现代武德教育实践》（翟少红，2012）等。事实上，仅以"武德教育"为篇名关键词在中国知网中检索，就有高达2 200多篇相关文献，可见该领域研究之热。但是，这些文献发表在体育类核心期刊上的却仅有3篇。而在中国知网中即使以"武德"为篇名关键词进行检索，发表在体育类核心期刊上的论文也仅有20多篇，且近十年的针对性研究成果不足10篇。可见，尽管目前有关武德教育、武德的研究成果很多，但高质量成果却相对极少。这是武术伦理研究需要深入反思的问题。

2. 不足之处

(1) "武术伦理""武德"等概念性研究不足

已有武术伦理研究绝大多数均是武德研究。诚然，武德是武术伦理的重要组成部分，甚至是"武术文化价值核心，是武术教化功能主要承载者"①，但"道德"与"伦理"混用，甚至以"道德"代"伦理"的研究，是武术伦理研究不成熟的表现，不利于深入厘清武术伦理研究中的诸多问题，也

① 李印东.武术释义——武术本质及其功能价值体系的阐释[D].北京：北京体育大学，2006:4.

不符合"伦理"与"道德"的界定在中国传统文化中有所区别的事实。另外，尽管"武术伦理"研究已习惯于运用"武德"研究代替，但对于"武德"概念的界定也未引起足够重视，至今极少见到就"武德"的概念问题专门进行的高质量研究。当然，也有研究指出"武德是约束武术活动参与者行为的一种准则"①，或"所谓武德，就是以武术为载体所进行的社会活动中主体所体现的道德"②。但界定是否准确，文中没有具体论证，也较少有学者、专家对此进行深入讨论。

(2) 具体而微的中国武术诸拳种伦理研究不足

中国武术由百余种甚至数百种拳种构成，其中的每一拳种生成、发展的历史地理环境、文化影响因素、主要传承群体等不尽相同，有些甚至差别极大，这就促成了不同拳种伦理观的差异性。当前已有个别学者涉足代表性拳种伦理的研究，如王岗研究了太极拳的伦理问题③，李磊研究了少林武术道德④，但整体来看，拳种伦理研究未受重视，这不利于武术伦理研究的深入发展。

(3) 武术伦理研究缺少伦理学学科理论的支撑

当前，伦理学学科发展已较为成熟，对社会产生了较大影响，其中的许多学术理论具有重大意义。中国武术"从它起始的源头，就被纳入了伦理之道"⑤。传统武术伦理的发生、发展受到中国传统伦理的重要影响，如儒家"仁"的伦理思想⑥，自强不息、厚德载物的伦理情怀，墨家的"侠义精神"⑦，道家"天人合一"的伦理观念等。但当前武术伦理研究却较少借鉴伦理学研究成果，这不利于武术伦理研究的深入进行。尤其在重构武术伦理价值体系的相关研究中，更需借鉴伦理学成熟理论和最新

---

① 白鸿顺，李忠孝.当今武德论[J].西安体育学院学报，1992，9(2)：68—71.

② 杜传扬，刘瑞强，李玉海.论武术文化的道德观[J].山东体育科技，2001，23(2)：79.

③ 王岗.太极拳：体认道德伦理的文化教场[J].南京体育学院学报，2011，25(1)：22—26.

④ 李磊.论少林武术道德的特征[J].体育学刊，2010，17(6)：93—95.

⑤ 刘峻骧.古代哲理与伦理对中国武术形成和发展的影响[J].体育文史，1988(5)：61—65.

⑥ 王军.传统武德对儒家伦理思想的汲取及融通思微研究[D].济南：山东师范大学，2003：8—9.

⑦ 龚正伟，石华毕.中华武术武德的源起及基本精神[J].伦理学研究，2013(6)：120—124.

研究成果。因为,处于社会转型期,伦理学往往立于社会道德建设研究的最前沿,而武术伦理价值的重构最终是要服务于社会道德建设的,所以与伦理学前沿接轨,将使武术伦理研究更具前沿性,更符合社会道德建设的要求。但绝大多数武术伦理研究,甚至重构武术伦理、武德价值体系的研究,似乎还未形成这种意识。

(4) 不同历史时期的针对性武术伦理研究欠缺

中国武术经历了漫长的发展历程,传统武术伦理的历史也源远流长。按照伦理学理论,一般说来,社会结构的转型期往往也就是新旧伦理关系、行为规范的更替期。武术伦理的发展大概也脱离不开这个规律。如此,在漫长的中国历史上,武术伦理价值体系至少应该经历几个重大转变期,如先秦武术伦理、汉唐武术伦理、宋元明清武术伦理等。这是由不同历史阶段的经济基础、文化情状等决定的,不以个人意志为转移。但迄今为止,绝少有学者对某一历史时期的武术伦理做针对性研究。当然,在体育伦理学界,有个别研究是针对不同历史阶段体育伦理进行的,如《春秋战国时期儒家的体育伦理思想》(史国生,2001)等。但一方面,类似研究极少;另一方面,尽管武术是中国传统体育的主要组成部分,却毕竟不完全等同。所以,这类研究并不能完全反映武术伦理的历史发展情况。因此,武术伦理研究有必要深入考察不同历史时期的武术伦理发展情况,包括不同历史时期武术伦理的具体内涵、形成缘由以及对当时社会伦理的影响等,这对于当前的武术伦理研究及未来的武术伦理发展均有重要借鉴意义。

(5) 对当代武术伦理价值体系重构的研究不足

伦理具有时代特征,不同历史时期的伦理具有典型的时代印痕。从19世纪中叶开始,中国的社会结构发生了千年未有之大变局。新中国成立以来,尤其近30年来,社会发展更是日新月异,致使当下的社会伦理较之新中国成立前,已发生极大改变。主要正是基于这种考虑,才有学者提出"'武德'是一个历史范畴,在现代武术界提倡不合时宜"①。这种观

① 程大力."武德"是一个历史范畴——兼论"武德"在现代武术界提倡之不合时宜[J].体育文史,2000(3):39—40.

点当然有待商榷，正如有学者指出的，“武德适合现代武术界的需要，尤其在市场观念下，传统价值体系逐渐崩溃，新的价值体系尚未建立，武术界出现了一些不良风气，武德教育就显得尤为重要”①。其实，传统乃现代之根，传统中很多有益的养分是现代乃至未来人类永远需要的，关键是应该“吸取传统道德中那些稳定的至今仍然是合理的成分，而摒弃那些时代性太强而不适于今天的东西”②，为当前的社会道德建设乃至全球伦理构建做贡献。这不仅是武术发展的需要，也是中国传统文化传承的需要，是奠定当代社会道德根基的需要。由此，重新提炼武术伦理内涵，构建符合当下及未来社会需求的武术伦理价值体系，就显得十分重要。目前已有研究涉及该领域，如《对传统武德的批判与创新》（万瑜，2011）等，但数量较少，具有跨学科意识的高质量研究更是稀缺。

（6）武术伦理研究的方法较为单一且缺少创新

方法对于科研工作而言，既是工具，又是途径。“作为一种研究工具，方法帮助人们细缕条析对象，察其玄妙，洞其真髓。作为一种达于目的的途径，方法引导人们在山重水复、柳暗花明中走向目的地。”③当前的武术伦理研究，方法较为单一，致使大量研究的深度不够，在一定程度上存在浮于表面的“就事论事”现象。比如，较少研究使用统计学方法，对于现状分析的结论往往就容易令人生疑；较少研究运用伦理学学科特殊方法，如阶级分析法、内省法、心理分析法等，便影响了对于武术伦理、道德现象研究的深度。可以说，研究方法是否创新，在一定程度上直接决定了研究结果能否创新。所以，武术伦理研究的深入发展，有赖于武术伦理研究方法的创新。当然，诚如任海教授所言，“由于体育的身体性和比赛性，体育领域出现了许多不同寻常的伦理现象，提出了许多具有体育特色的伦理问题，因而体育伦理是一个具有自己鲜明特性的伦理学研究领域，需要结合体育自身的特点进行研究”④，武术伦理同样如此。所以，武术伦理研究方法的创新不是简单的方法套用，而是需要其他学科

① 谢建平.要不要提倡武德？——兼与程大力同志商榷[J].体育文史，2001(3)：39—40.
② 肖群忠.中国道德智慧十五讲[M].北京：北京大学出版社，2008：20.
③ 高兆明.伦理学理论与方法（修订本）[M].北京：人民出版社，2013：167.
④ 任海.论体育伦理问题[J].伦理学研究，2007(6)：1—6.

研究方法，尤其伦理学学科方法，与武术伦理研究合理对接，于再创造中实现研究方法、研究成果的重大创新与突破。

二、社会转型期武术伦理研究的重要意义

1. 揭示武术发生发展的历史动因，为处于社会转型期的武术未来发展寻路径

中国传统文化从先秦至今逐步发展成以天为宗、以德为本、以伦理为核心的文化体系。以此为背景，武术在发生发展的过程中，武术伦理的形成为如何练武、用武提供了规范与制约。研究武术伦理，对于规范社会转型期习武者的许多失范现象具有重要意义。同时，武术在数千年发展过程中，对于中国传统文化的不断融摄，使其最终形成了反映中国传统文化价值观念和思维方式的以伦理为本位的武术技术与理论。可以说，经过先秦至宋元的数千年积淀，明清之际武术技术与理论的成熟，主要是以中国传统伦理思想为指导的。所以，从伦理学的角度入手，深入探究武术的历史、文化和技术，当可触摸到武术的本真，揭示数千年来武术发生发展的历史动因，以及形成当今武术现象的内在机理，从而辨清中国武术有别于他国武技的根本所在，为处于社会转型期的中国武术未来发展寻路径。

2. 完善当前的中国体育伦理研究，为构建转型期的体育伦理学术体系做贡献

中国当代对于体育伦理问题的研究主要是在 3 个维度上进行的：一是对当代竞技体育的现代伦理价值及其异化的研究；二是对中国传统体育的伦理研究；三是对中国当代体育伦理构建的研究①。在这三方面中，针对中国传统体育的伦理研究明显薄弱，从整体来看，既不系统也不完整，更缺乏对于解决当下社会转型期体育矛盾和冲突的可借鉴性和可应用性。比如，以“传统体育”和“伦理”或“传统体育”和“道德”为篇名的检索词在中国知网上检索，仅有 30 篇左右体育伦理相关文献，且质量良莠

① 王铁新，杜治华. 中国当代体育伦理研究进展[J]. 体育文化导刊，2008(2)：70—72.

不齐。武术是中国民族传统体育的主体内容，在中国知网中以“武德”为篇名关键词进行检索，发表在体育类核心期刊上的论文也仅有20多篇，且近十年的针对性研究不足10篇。在朱贻庭主编的《伦理学大辞典》中，列出了社会伦理学、教育伦理学、法伦理学①等诸多应用伦理学分支，却不包含体育伦理学，说明体育伦理学在中国伦理学界还未被广泛认知。因此，系统、深入研究武术伦理发展问题，不仅可以弥补当前传统体育伦理研究不深入、不完整的缺憾，也有助于推动社会转型期中国体育伦理研究的发展，为构建有中国特色的符合社会转型发展的体育伦理学术体系做贡献。

3. 构建中国武术伦理价值体系，为解决当下所面临的系列道德难题提供支撑

近百年来，中国社会发生了数千年未有之巨变；近三十年来，中国传统价值观遭受前所未有之冲击。在当今中国经济快速发展、中国文化逐步迈向大发展大繁荣的关键转型期，我国的社会道德文化建设与实际需求并不完全适应。中华文明的复兴、中国梦的实现，需要具有强大生命力的道德伦理的引导与规范，否则便不能有效应对当下中国社会各种道德问题提出的挑战。武术是中华民族从“武”的维度的智慧结晶，是中国传统伦理在“武”的层面的集中呈现。在当前武术伦理研究存在诸多问题的背景下，深入分析武术伦理观念，多维度研究武术伦理，是构建适应未来社会需求和武术发展要求的中国武术伦理价值体系的必然工作；理性探讨武术伦理数千年发展对当代中国伦理价值体系构建的启示，有助于形成具有中国特色的道德话语体系，规避简单的道德拿来主义和伦理复古主义，为解决处于社会转型期的中国当下所面临的系列道德难题提供支撑。

4. 完善全球伦理体系，为全球伦理实践提供东方视野、中国思维、华夏智慧

与中国社会转型期类似，当今世界也正处于大发展大调整大变革的

---

① 朱贻庭.伦理学大辞典(修订本)[M].上海：上海辞书出版社，2011：110—281.

特殊时期，社会道德和价值观建设相对滞缓，以致人性冷漠、人情淡漠、道德虚无等不良现象频有发生，所以全球伦理的构建迫在眉睫。然而，当前转型期的全球化深入发展，主要是西方思想的全球化扩张，全球伦理的构建也主要以西方伦理思想为主导，具有明显的西方印痕，如此形成的全球伦理不可能真正服务于全人类。全球伦理的构建需要中华文明、印度文明、伊斯兰文明等各种文明体系的广泛参与，才能形成尽可能完善的符合全人类基本需要、核心需求的全球伦理体系。由此来看，武术伦理作为中国传统伦理的典型代表，也是东方传统伦理的重要内容，以其迥异于西方的独特视野，蕴含着丰富的处理人际关系、身心关系、天人关系的睿智思想与高深智慧，对其进行深入研究，可以补充当前处于转型期的全球伦理内容，为全球伦理思想的进一步完善和实践的进一步发展提供东方视野、中国思维、华夏智慧。

三、社会转型期武术伦理研究的路径阐释

1. 内容路径阐释

以社会转型期为背景，基于当前武术伦理研究现状，未来研究内容可从三方面展开：武术伦理的历史考察、武术伦理的当代审视、武术伦理的未来发展。当然，在具体研究中，这三方面内容会有交叉。具体而言，由于当前不同历史时期的针对性武术伦理研究欠缺，故武术伦理的历史考察首先应着重分阶段进行。较宏观地来看，考虑到伦理学界一般将中国传统伦理发展史分为先秦、汉唐、宋明三大阶段，结合武术伦理发展的实际情况，可将武术伦理研究整体划分为先秦、汉唐、宋元明清、近现代四大阶段，进行分别研究或对比研究。当然，也可针对其中一个阶段的某一武术伦理现象进行深入研究，如先秦时期“侠”的伦理问题研究，民国时期某一拳种伦理的具体研究；或者针对某一武术伦理问题进行不同阶段的比较研究，如不同历史阶段“侠”现象的比较研究，拳种伦理的比较研究等。而且，在通史性研究较为成熟之后，针对武术伦理发展史中的某一点进行深入研究，可以说是未来武术伦理历史考察的必然转型。

武术伦理的当代审视，主要是对传统武术、社会武术、竞技武术、学校武术、影视武术等当下社会转型期不同武术形态的伦理审视，具体主要包含不同武术形态的武术伦理发展现状、形成缘由和对当前社会的影响等。这种审视可为武术伦理的当代重构提供依据。武术伦理重构属于武术伦理的未来发展问题。由于当今社会正处于急剧转型的特殊时期，历史沿承下来的武术伦理不能完全适应未来发展，所以必须以历史沿承下来的武术伦理为基础，根据中国社会主义道德建设的发展趋势与要求，推陈出新，构建符合社会道德需求和未来武术发展要求的武术伦理价值体系。要注意研究武术伦理融入社会主义道德建设的路径问题，谋求社会转型期武术伦理发展和社会道德建设的最佳契合点，助力中华文明走出现代性危机，实现社会转型后的伟大复兴。同时，由于全世界也正处于全球化的转型期，即全球化正在深入发展，全球伦理尚未完成构建，武术伦理必须借助这一历史时机，积极融入全球伦理建设，为中国伦理思想的弘扬而努力，也为全人类生活的幸福做贡献。这就促使我们深入研究武术伦理发展融入全球伦理构建的路径问题。

当然，由于前已论证，武术伦理具体涵盖武术的人际伦理、身心伦理、天人伦理三种伦理关系，故对于武术伦理的三方面内容研究均可从此三种伦理的角度做进一步深入分析。

2. 方法路径阐释

学科性质决定了学科所用的研究方法。学科的发展与创新往往依赖于研究方法的改进与突破。“武术伦理研究”属于交叉学科研究，所用研究方法也体现出交叉性，不仅涉及武术研究及人文社会科学研究的一般常用方法，更需要伦理学学科的特殊方法做支撑。然而每一个研究方法都不可能完美无瑕，也并非决然孤立，而是相互关联、交叉，从不同角度关照研究内容，因而需要以一种包容的心态对待各种研究方法，将涉及的所有方法视作一个“方法群”，以“最优化”的思维综合运用各种方法进行研究。

(1) 方法论转型阐释

方法论极其重要，决定了人们用何种方法、方式来观察、处理问题。

它无所在又无所不在，以致之前的武术伦理研究大多较少谈及该问题。武术伦理未来研究的方法论转型，就是要明确在社会转型的背景下，研究武术伦理问题应该有意识地主要运用哪些方法论。我们认为主要应是唯物辩证法、系统分析法、过程方法、理论联系实际法。唯物辩证法是中国社会发展的重要指导性方法，是被中国历史选择并证明了的科学有效的世界观和方法论。唯物辩证法认为世界是物质的，社会存在决定社会意识；"普遍联系"和"永恒发展"是世界存在的两个总的基本特征。唯物辩证法的核心是矛盾的观点，也即对立统一的观点。唯物辩证法还概括了三个基本规律、五对基本范畴及其他辩证范畴。这些宝贵思想，对武术伦理研究具有重大指导和启示意义，将贯穿武术伦理研究的始终。当然，这也是武术伦理研究服务中国社会转型发展的必然选择。

系统分析法、过程方法、理论联系实际法均是对唯物辩证法的重要补充。其中，所谓系统分析法，就是从系统的观点出发，着眼于整体与部分、整体与环境的相互联系和相互作用，综合地考察对象，求得整体的最佳功能的科学方法。①系统分析法在武术伦理研究中尤需注意运用，因为武术伦理要处理的就是以人为中心的各种关系，这使得武术伦理必然受到各种因素的影响，运用系统分析法则往往可以快速抓住主要矛盾，进而对问题形成整体关照。所谓过程方法，是考虑到社会历史的运动、变化和发展是一个过程，从社会过程中相对稳定的方面入手去揭示社会有机体的运动与变化，在社会过程中各个阶段之间空间状态的历史比较中揭示社会的进化与发展，从内部矛盾和外部冲突的交互作用中揭示社会运动的活动规律与发展规律。在完整意义上，运用过程方法研究社会的运动、变化和发展，是一种包含着稳态研究、动态研究和具体过程研究等的综合性研究。②武术伦理研究对于武术伦理发展情况的考察是历时性的，需要做动态研究，而对每一具体历史时期的研究，又涉及稳态研究和具体过程研究等。所以，过程方法也是武术伦理研究的重要方法论。理

① 欧阳康.张明仓.社会科学研究方法[M].北京：高等教育出版社，2001：267.

② 欧阳康.张明仓.社会科学研究方法[M].北京：高等教育出版社，2001：293—296.

论联系实际的方法，是一切社会科学最基本的方法论原则。对于武术伦理研究来说，应在全面掌握武术和伦理学相关理论的情况下，从历史和现实的各种关系出发，对武术伦理进行深入研究。同时，考虑到现实情况的变动性，应及时掌握第一手资料，并积极关注社会现实的新动向，争取做到武术伦理理论与社会发展现实紧密结合，从而更加有效地服务于社会转型发展。

(2) 一般方法转型阐释

武术伦理研究的一般方法主要有文献研究法、逻辑分析法、比较研究法、内容分析法、社会调查法、历史分析法、个案分析法、移植法、统计分析法等。之前的武术伦理研究对于文献研究法、逻辑分析法、比较研究法运用较多，未来需要合理、适当运用社会调查法、历史分析法等其他研究方法，这是武术伦理研究自身转型的需要，也是进一步突出其对社会转型发展的适应性和可运用性的必然。

内容分析法最早出现于新闻界，是新闻学和传播学中运用较多的一种方法。内容分析法通过对文献内容作系统的、客观的、量化的描述和分析，"将用言语表示而非用数量表示的文献转换成用数量表示的资料，其结果一般可采用与调查资料相同的方式，以包括频数或百分数的图表加以描述"①，其实质是对传播内容所含信息量及其变化的分析，即由表征的有意义的词句推断出准确意义的过程②。武术伦理研究在深度分析文献时会用到此方法。社会调查法主要包含实地研究法、访谈法、问卷调查法等具体方法。这是武术伦理研究获得丰富资料的重要手段。历史分析法要求对于武术伦理的研究，要放在相应的历史范围内考察，而且"必须作为历史过程或者历史过程的集合加以考察，必须联系当时的社会历史条件，特别是当时的经济关系、政治制度和文化等诸条件进行考察，且随着历史的演变，对道德现象的分析也应该着眼于方法的变化"③。历史分析法对于武术伦理研究，尤其对于武术伦理发展史的研

① 林聚任，刘玉安.社会科学研究方法[M].济南：山东人民出版社，2004：162.
② 李守培.《中华武术》杂志的传播学分析[D].上海：上海体育学院，2010：9.
③ 毕彦华.何谓伦理学[M].北京：中央编译出版社，2010：23.

究，具有重要意义。个案分析法是当前武术伦理研究较少用到的方法，却是西方体育伦理研究较为常用的方法。个案分析法的运用可使研究更具针对性，也是武术伦理研究走向成熟的标志之一。移植法是将一个学科领域中的原理或技术应用或移植到另一学科领域的方法。移植法的运用有助于研究者开拓思维，可为所研究问题提供一些关键性的解决办法。武术伦理研究的属性，使其对于伦理学、哲学、文化学、社会学、传播学、政治学等人文社会科学学科理论的适时移植成为必需，以期为具体的武术伦理研究提供思路启示和学理支撑。统计分析法经过综合处理相关数据，对揭示事物内在的数量规律具有重要意义。这是当前武术伦理研究极少用到的方法，却是未来研究量化内容，为研究结论提供扎实数据支撑的必选之法。

(3) 特殊方法转型阐释

武术伦理研究的特殊方法主要有：内省法、阶级分析法、心理分析法。这些方法是伦理学学科的特殊研究方法，在以前的武术伦理研究中极少用到。未来武术伦理研究对于它们的运用，不仅是研究方法路径的新选择，也是深度剖析武术伦理现象，使其更好地服务于社会转型发展的必须之法。

内省法也称体验法。伦理学最为根本的对象是人性，说到底，是人心：自爱心与爱人心、同情心与妒忌心、复仇心与报恩心、利己心与利他心等等。因此，伦理学的观察和实验可以是一种对于自己的心理进行观察的“内省法”或“体验法”①，在内省或体验中由己及人，做出价值判断。武术伦理研究同样如此。阶级分析法，是指在承认人类社会发展到一定阶段划分为阶级并由此产生阶级斗争的前提下，运用马克思主义的阶级观点，从阶级对立和阶级斗争的角度分析社会伦理道德现象的方法②。武术伦理的历史(新中国成立前)研究，必然需要运用阶级分析法，因为在这漫长的数千年绵延中，处于不同历史阶段的武术伦理必然受到不同阶级利益的影响，甚至就反映着一定阶级的伦理诉求，而且这种诉求在

① 王海明.伦理学方法[M].北京：商务印书馆，2003：148.

② 毕彦华.何谓伦理学[M].北京：中央编译出版社，2010：23.

不同的历史时期还有可能差异较大。心理分析法是运用现代心理学、精神分析学的理论与方法来分析和研究伦理道德现象的方法。①武术伦理研究以“武术伦理”为对象，对这一方法需合理运用。在运用的过程中尤其需要以社会转型期为背景，客观、事实地分析问题，不能片面夸大心理因素的作用，也不能简单套用相关心理学模式，毕竟武术伦理中牵涉到的心理现象有其“武”的特殊性，而且现代心理学和精神分析学的诸多理论与方法本身也都有一定局限性，绝非放之四海而皆准。

总之，武术伦理研究既是理论的，也是实证的，不仅应该关注“何为武术伦理”等元问题，也应思考“武术伦理何为”等实践性问题。从中西体育伦理研究的发展情况来看，当前“西方竞技体育伦理研究较为注重实证和应用研究，在方法运用上较多地采用社会调查和个案、实例研究”②，而我国当前的体育伦理研究则极少运用社会学调查的方法。可见，在一定意义上，伦理研究的属性导致实证和应用研究较多，或者说，社会调查和个案、实例研究较多，是体育伦理学学科发展成熟的标志之一。当前武术伦理研究发展较不成熟，未来伴随研究的不断深入，若要形成更为契合转型期社会伦理发展需求的成果，在完善理论建构的同时，注重实证研究是必然趋势。

3. 学术交流路径阐释

当前武术伦理研究的对外交流较少，不仅与国外体育伦理学界缺乏交流，与中国伦理学界甚至体育伦理学界的交流也较少。与国外伦理学界交流匮乏，不仅是武术伦理研究中存在的问题，也是中国体育伦理学界乃至伦理学界普遍存在的问题。如中国伦理学会会长万俊人教授曾指出，国外特别是西方发达国家和地区的伦理学界在伦理学基本理论创新和应用伦理学探究两个方面，都已经远远走在我们前面。当代中国伦理学界需要弥补和加强我们对当代域外伦理学发展的前沿了解，并努力创造出足以与域外伦理学界展开对话和交流的理论资源。③之所以产生

① 毕彦华.何谓伦理学[M].北京：中央编译出版社，2010：29.
② 熊文，马有保.竞技体育伦理研究述评[J].体育文化导刊，2008(3)：75—80.
③ 高兆明.伦理学理论与方法(修订本)[M].北京：人民出版社，2013：3(总序).

这一现象，应该主要是由于我国有关伦理的专门性研究起步较晚，且社会急剧转型，致使伦理研究与社会需求相脱节，伦理学的知识现状远远落后于社会生活的道德实践。

中国体育伦理学界与伦理学界之间的交流有一定的进展。比如，近几年有一批体育伦理研究论文发表在伦理学领域CSSCI源刊《伦理学研究》《道德与文明》上，较为直接地推动了体育伦理研究领域与伦理学研究领域的学术交流；体育伦理，尤其竞技体育伦理问题，引发了一些伦理学界专家、学者的关注，如刘湘溶教授、李培超教授等，均有关于体育伦理学的书著问世；伦理学界对于体育伦理学的关注，直接催生了一批由伦理学、哲学专业的博士生、硕士生完成的博硕士学位论文，如博士学位论文《追寻竞技正义：竞技体育伦理批判》（杨其虎，2012）等。

未来的武术伦理研究，应该在强化与体育伦理研究交流的基础上，借助体育伦理学界与伦理学界的交流基础，加强和伦理学界的交流，并尝试与国外体育伦理学界建立多元沟通渠道，传播武术伦理研究成果，同时积极吸取西方体育伦理研究发展过程中积累起来的经验与教训，进一步完善研究方法，提升研究水平，促进武术伦理研究路径转型，以更好服务于中国社会的转型发展和世界全球化进程中的全球伦理构建。

小　结

当前，中华文明面临着如何从现代性危机中复兴的伦理问题，整个世界也面临着全球一体化、经济全球化带来的系列道德难题。这些问题、难题得以解决，中国梦才能更快地实现，人类才能更好地生存下去。武术在中国传统文化的数千年滋养中，形成了以伦理为本位的技术和理论，“与外来体育文化有着本质不同”①，但迄今为止，我们很少从伦理学的视角对武术展开系统、深入的研究。鉴于此，本文以社会转型期为背

① 李守培，郭玉成.传统武术技术体系的标准化及其对策研究[J].体育科学，2015，35(2)：81—89.

景，以对武术伦理研究现状的评析为基础，从武术发展、体育伦理研究、社会道德构建、全球伦理完善的不同角度与高度，分别指明了武术伦理研究的重要性，并从研究内容路径、研究方法路径、学术交流路径三方面，具体阐释了武术伦理研究的未来路径，希望可开拓武术伦理研究思路，进而助力稳固中国社会道德根基、服务全球伦理实践发展。

附录二　新时代大学生的武德标准①

习近平总书记在中国人民大学考察时强调:“立足新时代新征程,中国青年的奋斗目标和前行方向归结到一点,就是坚定不移听党话、跟党走,努力成长为堪当民族复兴重任的时代新人。”②基于此,作为国粹的中国武术,理应着眼中华民族伟大复兴战略全局,彰显其“拳以德立、无德无拳”的文化特质,遵循大学生身心成长规律,构建新时代武德,焕发道德规范力、凝聚力、向心力,让大学生不断提升道德修养,“立志民族复兴,不负韶华,不负时代,不负人民”。

以习近平新时代中国特色社会主义思想为引领,从武术历史发展与当代实践的具体实际出发,对武术在历史中形成的各种伦理道德观念进行创造性转化和创新性发展,提炼形成以“爱国、诚敬、信义、智勇、专恒、正和”为内涵的大学生新时代武德。

——**爱国,就是心系祖国、甘于奉献**。“爱国”作为中华民族精神的核心,历来被中国人视为“侠之大者”的根本特征。新时代武德要求大学

---

①　该文为郭玉成、林小美教授主编教材《武术套路基础》(高等教育出版社)第一章第三节“武德与武礼”部分内容,由本人负责完成,标题“新时代大学生的武德标准”为收入本书时添加。本书“第六章　新时代武德的构建”旨在面向全世界武术习练者,贯通“人际、身心、天人”伦理三维度,形成以“敬、义、勇、恒、和”为核心,以“诚敬、信义、智勇、专恒、正和”为体系的新时代武德。但武德传播应有“针对性”,面向我国习武者,首先应提倡“爱国”,教材《武术套路基础》面向我国大学生,针对大学生的成长规律,主要从人际、身心层面提倡“爱国、诚敬、信义、智勇、专恒、正和”的新时代武德;若面向中小学生,则在强调“爱国”的前提下,仅突出“敬、义、勇、恒、和”五字即可;若面向民族传统体育专业研究生,则可参考本书第六章,贯通“人际、身心、天人”伦理三维度,更加深入地理解新时代武德。

②　习近平.坚持党的领导传承红色基因扎根中国大地　走出一条建设中国特色世界一流大学新路[N].人民日报,2022-04-26(01).

生以“爱国”为立身之本，通过阐扬爱国事迹、遵循武礼规范、服务社会发展等，深入理解把握当代爱国主义的本质，擦亮爱国底色，“培养爱国之情、砥砺爱国之志、实践爱国之行”①，自觉承担起维护国家安全、促进民族团结的责任和使命，深刻体证“爱国，是人世间最深层、最持久的情感，是一个人立德之源、立功之本”。②

——**诚敬，就是真诚无妄、恭敬谦逊**。“诚敬”蕴含了存养、省察、克治等思想修养，是历代习武者协调人际、修养身心、默契天道的根本支撑。新时代武德要求大学生以“诚敬”为做人之始，在做人求诚、学习求实、生活求朴上下功夫，在待人要谦、待师要恭、待事要敬上磨修养，着力塑造真诚无妄的质朴思想、恭敬谦逊的敬谨态度，用之润心、培本、固元，逐步修养出与社会主义合格建设者和可靠接班人应有学识智识相适应的品格、品行、品味。

——**信义，就是言信行果、义以为上**。“信义”作为中国传统侠义精神的核心内涵，被历代习武者视作道德准则和行为准绳。新时代武德要求大学生以“信义”为做人之则，践行重诺守信、言信行果、重义轻利、义以为上的价值导向，通过颂精神、讲故事、树榜样等，不断提升大众对民以信立的认同度和公义良知的敬畏度，持续增进人际信任度和依赖度、人心温暖度和凝聚度，助力我国构建“讲信义、重情义、扬正义、守道义的大国形象”。③

——**智勇，就是明辨是非、有勇有谋**。“智勇”是我国儒家伦理思想的基本内容，被历代习武者视为追求理想人格的必备要素。新时代武德要求大学生以“智勇”为做人之法，承续知而不惑、勇而不惧、文武兼备、智勇双全的优良传统，通过丰富学识、强化武技、提升认知、扩充思维等，不断提高理解力、判断力、思维力、应变力，塑造明辨是非、坚毅果敢、顽强拼搏、有勇有谋的优良品质，展现大智大勇、锐意开拓进取的精神品

---

① 郭玉成，李守培，刘韬光，等.中国武术教育倡议[J].武术研究，2021，6(12)：2.

② 习近平.青年要自觉践行社会主义核心价值观——在北京大学师生座谈会上的讲话[N].人民日报，2014-05-05(02).

③ 习近平.在全国抗击新冠肺炎疫情表彰大会上的讲话(2020年9月8日)[J].求是，2020(20)：4—15.

格，在实现中华民族伟大复兴中国梦的新征途上奋勇搏击。

——**专恒，就是专心致志、持之以恒**。“专恒”不仅是人们习拳技、通拳法、明拳理的重要保障，更是习武者炼心志、悟拳道、增德性的根本途径。新时代武德要求大学生以“专恒”为做人之要，秉承“绵绵用力，久久为功，止于至善”的坚定信念，潜心笃志练武技，坚持不懈研武学，持之以恒修道德，历练心性、磨炼品格、锤炼精神，进而“以国家富强、人民幸福为己任，胸怀理想、志存高远，积极投身中国特色社会主义伟大实践，并为之终生奋斗”。①

——**正和，就是正大光明、和而不同**。“正和”融通了中华文明“守正”与“尚和”的道德标准，要求习武者心怀坦白、持中守正，美美与共、和而不同。新时代武德要求大学生以“正和”为做人之境，不仅涵育正大光明、洞然四达的精神气度，养成以和为贵、和而不同的价值取向，更要树立全球视野，看清各种文明交流互鉴的大势和不同思想文化相互激荡的现实，立志“推动不同文明相互尊重、和谐共处，让文明交流互鉴成为增进各国人民友谊的桥梁、推动人类社会进步的动力、维护世界和平的纽带”②，助力构建人类命运共同体。

---

① 习近平.在知识分子、劳动模范、青年代表座谈会上的讲话[N].人民日报，2016-04-30(02).

② 习近平.文明交流互鉴是推动人类文明进步和世界和平发展的重要动力[J].求是，2019(9):4—10.

参考文献

一、著作

1. 礼记[M].李慧玲,吕友仁,注译.郑州:中州古籍出版社,2010.

2. 史记选译[M].李国祥,李长弓,张三夕,译注.南京:凤凰出版社,2011.

3. 周易今注今译[M].南怀瑾,徐芹庭,注译.重庆:重庆出版社,2011.

4. 周易今注今译[M].陈鼓应,赵建伟,注译.北京:商务印书馆,2005.

5. 周易[M].杨天才,张善文,译注.北京:中华书局,2011.

6. 李光地.周易折中[M].李一忻,点校.北京:九州出版社,2002.

7. 南怀瑾.易经杂说[M].2 版.上海:复旦大学出版社,2002.

8. 庄子今注今译[M].陈鼓应,注译.北京:商务印书馆,2015.

9. 鬼谷子[M].许富宏,译注.北京:中华书局,2012.

10. 金刚经·心经·坛经[M].陈秋平,尚荣,译注.北京:中华书局,2007.

11. 孙武,等.孙子兵法与三十六计的智慧[M].诸葛静一,编.北京:中国长安出版社,2004.

12. 孟子,等.四书五经[M].北京:中华书局,2009.

13. 任俊华,赵清文.大学·中庸·孟子正宗[M].北京:华夏出版社,2014.

14. 论语译注[M].杨伯峻,译注.北京:中华书局,2012.

15. 孟子译注[M].杨伯峻,译注.北京:中华书局,1960.

16. 王岳川.大学中庸讲演录[M].桂林:广西师范大学出版社,2008.

17. 王弼.老子道德经注[M].楼宇烈,校释.北京:中华书局,2011.

18. 陈鼓应.老子注译及评介[M].北京:中华书局,1984.

19. 陈鼓应.老庄新论[M].北京:商务印书馆,2008.

20. 孙君恒.墨子伦理思想研究[M].北京:中国社会科学出版社,2014.

21. 荀况.荀子[M].方勇,李波,译注.北京:中华书局,2015.

22. 张志聪.黄帝内经集注[M].北京:中医古籍出版社,2015.

23. 童书业.先秦七子思想研究[M].济南:齐鲁书社,1982.

24. 许建良.先秦儒家道德论[M].南京:东南大学出版社,2010.

25. 文中子.止学全集[M].南美玉,谷淑梅,注译.北京:海潮出版社,2011.

26. 朱熹,吕祖谦.近思录[M].查洪德,注译.郑州:中州古籍出版社,2008.

27. 王守仁.传习录全集[M].王先华,译注.天津:天津人民出版社,2014.

28. 陈谷嘉.宋代理学伦理思想研究[M].长沙:湖南大学出版社,2006.

29. 陈谷嘉.元代理学伦理思想研究[M].长沙:湖南大学出版社,2010.

30. 蔡方鹿.宋明理学心性论[M].成都:巴蜀书社,2009.

31. 陈来.有无之境:王阳明哲学的精神[M].2 版.北京:北京大学出版社,2013.

32. 陈来.中华文明的核心价值:国学流变与传统价值观[M].北京:生活·读书·新知三联书店,2015.

33. 陈来.回向传统——儒学的哲思[M].北京:北京师范大学出版社,2011.

34. 梁启超.梁启超经典文存[M].上海:上海大学出版社,2003.

35. 梁启超.儒家哲学[M].北京:北京大学出版社,2010.

36. 梁漱溟.东西文化及其哲学[M].北京:中华书局,2013.

37. 梁漱溟.人心与人生[M].2版.上海:上海人民出版社,2011.

38. 梁漱溟.中国文化要义[M].上海:上海人民出版社,2005.

39. 钱穆.论语新解[M].北京:九州出版社,2011.

40. 钱穆.灵魂与心[M].北京:九州出版社,2011.

41. 钱穆.中国文化精神[M].北京:九州出版社,2012.

42. 钱穆.中国历史精神[M].北京:九州出版社,2012.

43. 钱穆.中华文化十二讲[M].北京:九州出版社,2012.

44. 钱穆.中国文化史导论[M].北京:商务印书馆,1994.

45. 钱穆.人生十论[M].北京:生活·读书·新知三联书店,2009.

46. 钱穆.讲学札记[M].叶龙,记录整理.北京:北京联合出版公司,2014.

47. 蔡元培.中国伦理学史[M].北京:商务印书馆,2010.

48. 雷海宗.中国文化与中国的兵[M].北京:商务印书馆,2014.

49. 傅斯年.中国人的德行[M].北京:中国工人出版社,2011.

50. 胡适.中国哲学史大纲[M].长沙:岳麓书社,2010.

51. 冯友兰.中国哲学简史[M].赵复三,译.天津:天津社会科学院出版社,2007.

52. 方东美.中国人生哲学[M].北京:中华书局,2012.

53. 费孝通.乡土中国[M].北京:北京大学出版社,2012.

54. 余英时.中国文化史通释[M].北京:生活·读书·新知三联书店,2012.

55. 张岂之.中华人文精神[M].北京:人民出版社,2011.

56. 任继愈.天人之际:任继愈学术思想精粹[M].李申,李劲,编.北京:人民日报出版社,2010.

57. 季羡林.阅世心语[M].西安:陕西师范大学出版社,2007.

58. 季羡林.病榻杂记[M].北京:新世界出版社,2006.

59. 汤一介.儒学十论及外五篇[M].北京:北京大学出版社,2009.

60. 陈立夫.四书道贯:陈立夫解读《大学》《中庸》《论语》《孟子》[M].北京:中国友谊出版公司,2015.

61. 袁行霈，严文明，张传玺，楼宇烈. 中华文明史[M]. 北京：北京大学出版社，2006.

62. 易中天. 文明的意志与中华的位置[M]. 杭州：浙江文艺出版社，2013.

63. 黄仁宇. 大历史不会萎缩[M]. 桂林：广西师范大学出版社，2004.

64. 黄仁宇. 中国大历史[M]. 北京：生活·读书·新知三联书店，1997.

65. 张世英. 哲学导论[M]. 北京：北京大学出版社，2002.

66. 张世英. 中西文化与自我[M]. 北京：人民出版社，2011.

67. 张世英. 境界与文化——成人之道[M]. 北京：人民出版社，2007.

68. 张世英. 天人之际：中西哲学的困惑与选择[M]. 北京：人民出版社，2007.

69. 张世英. 觉醒的历程：中华精神现象学大纲[M]. 北京：中华书局，2013.

70. 张世英. 万有相通：哲学与人生的追寻[M]. 北京：北京师范大学出版社，2013.

71. 李泽厚. 美的历程[M]. 北京：生活·读书·新知三联书店，2009.

72. 李泽厚. 伦理学纲要[M]. 北京：人民日报出版社，2010.

73. 李泽厚. 由巫到礼　释礼归仁[M]. 北京：生活·读书·新知三联书店，2015.

74. 李泽厚等. 什么是道德?：李泽厚伦理学讨论班实录[M]. 上海：华东师范大学出版社，2015.

75. 张岱年. 中国伦理思想研究[M]. 上海：上海人民出版社，1986.

76. 张岱年，程宜山. 中国文化论争[M]. 北京：中国人民大学出版社，2006.

77. 张岱年，程宜山. 中国文化精神[M]. 北京：北京大学出版社，2015.

78. 张岱年，方克立. 中国文化概论[M]. 北京：北京师范大学出版社，2004.

79. 牟钟鉴. 中国文化的当下精神[M]. 北京：中华书局，2016.

80. 成中英.新觉醒时代:论中国文化之再创造[M].北京:中央编译出版社,2014.

81. 金元浦.中国文化概论[M].北京:中国人民大学出版社,2012.

82. 叶朗,朱良志.中国文化读本[M].北京:外语教学与研究出版社,2008.

83. 程裕祯.中国文化要略[M].北京:外语教学与研究出版社,1998.

84. 李宗桂.中国文化导论[M].广州:广东人民出版社,2002.

85. 田广林.中国传统文化概论[M].2 版.北京:高等教育出版社,2011.

86. 余秋雨.何谓文化[M].武汉:长江文艺出版社,2012.

87. 余秋雨.君子之道[M].北京:北京联合出版公司,2014.

88. 余秋雨.中华文化四十七堂课:从北大到台大[M].长沙:岳麓书社,2011.

89. 赖永海.中国佛教文化论[M].北京:中国青年出版社,1999.

90. 方立天.中国佛教与传统文化[M].北京:中国人民大学出版社,2009.

91. 张立文.和合哲学论[M].北京:人民出版社,2004.

92. 张立文.传统文化与现代化[M].北京:中国人民大学出版社,1987.

93. 张立文.和合学:21 世纪文化战略的构想[M].北京:中国人民大学出版社,2006.

94. 曾仕强.易经的奥秘[M].西安:陕西师范大学出版社,2009.

95. 曾仕强.中华文化的特质[M].西安:陕西师范大学出版总社有限公司,2010.

96. 曾仕强.说不尽的中国人:曾仕强谈民族精神[M].北京:中国工人出版社,2013.

97. 张宏杰.中国国民性演变历程[M].长沙:湖南人民出版社,2013.

98. 刘立夫.佛教与中国伦理文化的冲突与融合[M].北京:中国社会科学出版社,2009.

99. 廖彬宇.国学旨归:干支哲学[M].北京:清华大学出版社,2014.

100. 张耀南."大人"论——中国传统中的理想人格[M].北京:北京大学出版社,2005.

101. 李四龙.人文立本:楼宇烈教授访谈录[M].2版.北京:北京大学出版社,2013.

102. 楼宇烈.中国的品格[M].海口:南海出版公司,2008.

103. 北京大学哲学系中国哲学教研室.中国哲学史[M].2版.北京:北京大学出版社,2003.

104. 吴中原.国语要言辑思[M].北京:解放军文艺出版社,2007.

105. 许宏.何以中国:公元前2000年的中原图景[M].北京:生活·读书·新知三联书店,2014.

106. 葛兆光.中国思想史[M].2版.上海:复旦大学出版社,2013.

107. 葛兆光.古代中国文化讲义[M].2版.上海:复旦大学出版社,2012.

108. 龚鹏程.侠的精神文化史论[M].济南:山东画报出版社,2008.

109. 龚鹏程.中国传统文化十五讲[M].北京:北京大学出版社,2006.

110. 朱维铮.音调未定的传统[M].杭州:浙江大学出版社,2011.

111. 杨耀文.文化名家谈生死[M].北京:中央编译出版社,2011.

112. 高晨阳.中国传统思维方式研究[M].北京:科学出版社,2012.

113. 辜正坤.中西文化比较导论[M].北京:北京大学出版社,2007.

114. 陈平原.千古文人侠客梦[M].北京:北京大学出版社,2010.

115. 林聚任,刘玉安.社会科学研究方法[M].济南:山东人民出版社,2004.

116. 欧阳康,张明仓.社会科学研究方法[M].北京:高等教育出版社,2001.

117. 林语堂.吾国与吾民[M].黄嘉德,译.长沙:湖南文艺出版社,2012.

118. 柏杨.丑陋的中国人[M].北京:人民文学出版社,2008.

119. 刘东.中华文明读本[M].南京:译林出版社,2009.

120. 刘东.用书铺成的路[M].北京:北京大学出版社,2010.

121. 刘东.再造传统:带着警觉加入全球[M].上海:上海人民出版社,2014.

122. 清华国学院.全球史中的文化中国[M].北京:北京大学出版社,2014.

123. 王学典.把中国“中国化”:人文社会科学的近期走向[M].上海:上海人民出版社,2017.

124. 郑永年.通往大国之路:中国的知识重建和文明复兴[M].北京:东方出版社,2012.

125. 郑永年.重建中国社会[M].北京:东方出版社,2015.

126. 马庚存.中国近代妇女史[M].青岛:青岛出版社,1995.

127. 马家忠.仁术、中和与天道:中华文化身体学与生命伦理思想的多元历史建构[M].南京:东南大学出版社,2013.

128. 蒙培元.心灵超越与境界[M].北京:人民出版社,1998.

129. 闵家胤.阳刚与阴柔的变奏:两性关系与社会模式[M].北京:中国社会科学出版社,1995.

130. 司马云杰.心性灵明论:关于人文精神与心性本体论的研究[M].西安:陕西人民出版社,2006.

131. 唐翼明.中华的另一种可能:魏晋风流[M].北京:民主与建设出版社,2014.

132. 钟永圣.传承与复兴:社会主义核心价值观的中华传统文化解读[M].北京:中国青年出版社,2014.

133. 王学泰.游民文化与中国社会[M].北京:同心出版社,2007.

134. 李新.注定不一样的中国思路:原初[M].北京:中国言实出版社,2015.

135. 周春才.天圆地方:中国文化的百年之痒[M].北京:中国文联出版社,2007.

136. 朱良志.中国艺术的生命精神[M].2 版.合肥:安徽教育出版社,2006.

137. 李民.中庸精义[M].长春:吉林大学出版社,2007.

138. 卓新平.神圣与世俗之见[M].哈尔滨:黑龙江人民出版社,2003.

139. 宗白华.艺境[M].北京:商务印书馆,2011.

140. 徐复观.中国艺术精神[M].北京:商务印书馆,2010.

141. 罗国杰.传统伦理与现代社会[M].北京:中国人民大学出版社,2012.

142. 罗国杰.马克思主义伦理学[M].北京:人民出版社,1982.

143. 罗国杰.中国伦理思想史[M].北京:中国人民大学出版社,2007.

144. 杨国荣.伦理与存在:道德哲学研究[M].北京:北京大学出版社,2011.

145. 安启念.马克思恩格斯伦理思想研究[M].武汉:武汉大学出版社,2010.

146. 宋希仁.马克思恩格斯道德哲学研究[M].北京:中国社会科学出版社,2012.

147. 宋希仁.西方伦理思想史[M].2 版.北京:中国人民大学出版社,2010.

148. 王臣瑞.伦理学(理论与实践)[M].台北:台湾学生书局,1980.

149. 朱贻庭.伦理学大辞典(修订本)[M].上海:上海辞书出版社,2011.

150. 邓刚.身心与绵延:柏格森哲学中的身心关系[M].北京:人民出版社,2014.

151. 北京师范大学伦理学与道德教育研究所.伦理学经典著作选读[M].北京:北京师范大学出版社,2010.

152. 韦政通.伦理思想的突破[M].北京:中国人民大学出版社,2005.

153. 万俊人.正义为何如此脆弱[M].北京:经济科学出版社,2012.

154. 韩帅.以孝励人:孝与古代旌表制度[M].北京:中国国际广播出版社,2014.

155. 何怀宏.良心论[M].北京:北京大学出版社,2009.

156. 何怀宏.生生大德[M].北京:北京大学出版社,2011.

157. 何怀宏.伦理学是什么[M].北京:北京大学出版社,2002.

158. 何怀宏.新纲常:探讨中国社会的道德根基[M].成都:四川人民出版社,2013.

159. 王海明.人性论[M].北京:商务印书馆,2005.

160. 王海明.伦理学方法[M].北京:商务印书馆,2003.

161. 王海明.伦理学与人生[M].上海:复旦大学出版社,2009.

162. 王海明.道德哲学原理十五讲[M].北京:北京大学出版社,2008.

163. 王泽应.伦理学[M].北京:北京师范大学出版社,2012.

164. 肖群忠.伦理与传统[M].北京:人民出版社,2006.

165. 肖群忠.中国道德智慧十五讲[M].北京:北京大学出版社,2008.

166. 魏英敏.新伦理学教程[M].2 版.北京:北京大学出版社,2003.

167. 吴灿新.中国伦理精神[M].广州:广东人民出版社,2007.

168. 毕彦华.何谓伦理学[M].北京:中央编译出版社,2010.

169. 崔宜明,朱承.中国伦理十二讲[M].重庆:重庆出版社,2008.

170. 靳凤林.死,而后生——死亡现象学视域中的生存伦理[M].北京:人民出版社,2005.

171. 李承贵.德性源流:中国传统道德转型研究[M].南昌:江西教育出版社,2004.

172. 李春秋,毛蔚兰.传统伦理的价值审视[M].北京:北京师范大学出版社,2003.

173. 高兆明.伦理学理论与方法[M].北京:人民出版社,2013.

174. 董伟武,等.中西传统伦理精神文化研究[M].北京:光明日报出版社,2013.

175. 陈战国,强昱.超越生死:中国传统文化中的生死智慧[M].开封:河南大学出版社,2003.

176. 张康之.论伦理精神[M].南京:江苏人民出版社,2010.

177. 唐凯麟,张怀承.成人与成圣——儒家伦理道德精粹[M].长沙:湖南大学出版社,1999.

178. 吴飞.人伦的“解体”:形质论传统中的家国焦虑[M].北京:生

活·读书·新知三联书店,2017.

179. 赵汀阳.没有世界观的世界:政治哲学和文化哲学文集[M].北京:中国人民大学出版社,2005.

180. 方朝晖."三纲"与秩序重建[M].北京:中央编译出版社,2014.

181. 曾黎.伦理与人生[M].西安:西安出版社,2010.

182. 林存阳,刘建中.中国之伦理精神[M].成都:四川人民出版社,2000.

183. 陈文.近代社会变革中的伦理探索:从戊戌到五四[M].北京:中央编译出版社,2011.

184. 彭柏林.道德需要论[M].上海:上海三联书店,2007.

185. 胡林英.道德内化论[M].北京:社会科学文献出版社,2007.

186. 李德顺,孙伟平.道德价值论[M].昆明:云南人民出版社,2005.

187. 熊春锦.中华国学道德根[M].北京:中央编译出版社,2006.

188. 杜维明.现龙在田:在康桥耕耘儒学论述的抉择(1983—1985)[M].北京:北京大学出版社,2013.

189. 杜维明.儒家传统与文明对话[M].彭国翔,译.石家庄:河北人民出版社,2006.

190. 托尔斯泰.忏悔录[M].崔建华,译.杭州:浙江文艺出版社,2015.

191. 亚里士多德.尼各马可伦理学[M].廖申白,译.北京:商务印书馆,2003.

192. 柏格森.材料与记忆[M].肖聿,译.北京:北京联合出版公司,2013.

193. 柏格森.时间与自由意志[M].吴士栋,译.北京:商务印书馆,1958.

194. 柏格森.创造进化论[M].姜志辉,译.北京:商务印书馆,2004.

195. 郝大维,安乐哲.孔子哲学思微[M].蒋弋为,李志林,译.南京:江苏人民出版社,2011.

196. 安乐哲,郝大维.切中伦常:《中庸》的新诠与新译[M].彭国翔,译.北京:中国社会科学出版社,2011.

197. 安乐哲.儒家角色伦理学：一套特色伦理学词汇[M].孟巍隆，译.济南：山东人民出版社，2017.

198. 伊曼纽尔·列维纳斯.另外于是，或在超过是其所是之处[M].伍晓明，译注.北京：北京大学出版社，2019.

199. 佩雷斯.儒学与全球化[M].沈庆，译.北京：人民出版社，2014.

200. 希尔斯.论传统[M].2版.傅铿，吕乐，译.上海：上海人民出版社，2014.

201. 玻姆.整体性与隐缠序：卷展中的宇宙与意识[M].洪定国，张桂权，查有梁，译.上海：上海科技教育出版社，2004.

202. 本特利，等.简明新全球史[M].魏凤莲，译.北京：北京大学出版社，2009.

203. 霍尔斯特.何为道德：一本哲学导论[M].董璐，译.北京：北京大学出版社，2014.

204. 雅克·蒂落，基斯·克拉斯曼.伦理学与生活[M].程立显，刘建，等，译.北京：世界图书出版公司，2008.

205. 小野泽精一，福永光司，山井涌.气的思想：中国自然观与人的观念的发展[M].李庆，译.上海：上海人民出版社，2007.

206. 弗兰克·梯利.伦理学概论[M].何意，译.北京：中国人民大学出版社，1987.

207. 马陶谢克.底线：道德智慧的觉醒[M].高园园，译.重庆：重庆出版社，2012.

208. 汤浅泰雄.灵肉探微——神秘的东方身心观[M].马超等，编译.北京：中国友谊出版公司，1990.

209. 古里奥尼斯.原生态的奥林匹克运动[M].沈建，译.上海：上海人民出版社，2008.

210. 帕尔玛.伦理学导论[M].黄少婷，译.上海：上海社会科学院出版社，2011.

211. 明恩溥.中国人的气质[M].刘文飞，刘晓旸，译.南京：译林出版社，2012.

212. 田辰山.中国辩证法:从《易经》到马克思主义[M].萧延中,译.北京:中国人民大学出版社,2008.

213. 谢和耐.蒙元入侵前夜的中国日常生活[M].刘东,译.北京:北京大学出版社,2008.

214. 江本胜.生命的奇迹,水知道[M].冯亚彬,译.北京:新世界出版社,2010.

215. 唐豪.行健斋随笔·唐豪太极少林考[M].太原:山西科学技术出版社,2008.

216. 蔡龙云.琴剑楼武术文集[M].北京:人民体育出版社,2007.

217. 蔡龙云.武术运动基本训练[M].北京:人民体育出版社,2013.

218. 邱丕相.中国武术文化散论[M].上海:上海人民出版社,2007.

219. 邱丕相.中国武术史[M].北京:高等教育出版社,2008.

220. 邱丕相,等.武术文化传承与教育研究[M].北京:高等教育出版社,2011.

221. 马明达.说剑丛稿[M].北京:中华书局,2007.

222. 温力.武术与武术文化[M].北京:人民体育出版社,2009.

223. 刘俊骧.武术文化与修身[M].北京:中央编译出版社,2008.

224. 郭志禹.武术文哲子集[M].北京:现代教育出版社,2010.

225. 康戈武.中国武术实用大全[M].北京:今日中国出版社,1995.

226. 阮纪正.至武为文:中国传统武术文化论稿[M].广州:广州出版社,2015.

227. 阮纪正.拳以合道:太极拳的道家文化探究[M].上海:上海人民出版社,2009.

228. 郭玉成.武术传播引论[M].北京:北京体育大学出版社,2006.

229. 郭玉成.中国武术传播论[M].上海:复旦大学出版社,2008.

230. 郭玉成,等.中国武术与国家形象[M].北京:高等教育出版社,2015.

231. 郭玉成.中国武术史[M].北京:高等教育出版社,2019.

232. 郭玉成,李守培,等.中国武术标准化发展研究[M].上海:上海人民出版社,2021.

233. 国家体委武术研究院.中国武术史[M].北京:人民体育出版社,1996.

234. 周伟良.中国武术史[M].北京:高等教育出版社,2003.

235. 松田隆智.中国武术史略[M].吕彦,阎海,译.成都:四川科学技术出版社,1984.

236. 于志钧.中国传统武术史[M].北京:中国人民大学出版社,2006.

237. 杨祥全.津门武术[M].太原:山西科学技术出版社,2013.

238. 全国体育院校教材委员会.武术理论基础[M].北京:人民体育出版社,1997.

239. 徐才.武术学概论[M].北京:人民体育出版社,1995.

240. 虞定海,牛爱军.中国武术传承研究——非物质文化遗产视角[M].北京:人民体育出版社,2009.

241. 江百龙,林鑫海.明清武术古籍拳学论析[M].北京:人民体育出版社,2008.

242. 王岗.中国武术文化要义[M].太原:山西科学技术出版社,2009.

243. 王岗.中国武术技术要义[M].太原:山西科学技术出版社,2009.

244. 戴国斌.武术:身体的文化[M].北京:人民体育出版社,2011.

245. 戴国斌.中国武术的文化生产[M].上海:上海人民出版社,2015.

246. 乔凤杰.文化符号:武术[M].北京:社会科学文献出版社,2014.

247. 乔凤杰.武术哲学[M].北京:社会科学文献出版社,2007.

248. 刘定一,宿继光.三晋武术[M].北京:人民体育出版社,2009.

249. 刘树军.传统武德及其价值重建[M].长沙:中南大学出版社,2007.

250. 李赫宇.《庄子》与道家文化及武文化的比较研究:民间演绎 身体转向 天人互证[M].北京:首都师范大学出版社,2014.

251. 李志明.孙禄堂拳学的身心教育观[M].台北:阿含文化,2003.

252. 童旭东.孙氏武学研究[M].北京:中国书籍出版社,2008.

253. 陆草.中国拳[M].郑州:海燕出版社,1999.

254. 张志勇.中国武术思想概论[M].开封:河南大学出版社,1998.
255. 周世勤,杨祥全.燕京武术[M].北京:人民体育出版社,2009.
256. 程宗猷.少林棍法阐宗[M].太原:山西科学技术出版社,2006.
257. 戚继光.纪效新书[M].马明达,点校.北京:人民体育出版社,1988.
258. 陈鑫.陈氏太极拳图说[M].太原:山西科学技术出版社,2005.
259. 李良根.剑经注解[M].南昌:江西科学技术出版社,2002.
260. 张孔昭.拳经拳法备要[M].太原:山西科学技术出版社,2006.
261. 张孔昭.少林正宗拳经[M].孙国中,整理.北京:北京师范大学出版社,1988.
262. 吴殳.手臂录[M].太原:山西科学技术出版社,2006.
263. 李凌霄.昆吾剑谱[M].天津:天津市古籍书店,1988.
264. 李洛能.形意拳拳谱[M].太原:太原市武术挖掘整理组翻印,1984.
265. 海陵度我氏藏书.拳敌[M].太原:山西科学技术出版社,2011.
266. 尊我斋主人.少林拳术秘诀[M].太原:山西科学技术出版社,2009.
267. 徐震.苌氏武技书[M].太原:山西科学技术出版社,2006.
268. 徐震.苌乃周武术学[M].太原:山西科学技术出版社,2006.
269. 薛颠.象形拳法真诠[M].太原:山西科学技术出版社,2007.
270. 杨澄甫.太极拳体用全书[M].北京:人民体育出版社,1957.
271. 张殿华.通臂拳浅释[M].天津:天津市古籍书店,1988.
272. 姜容樵.八卦掌[M].北京:人民体育出版社,1963.
273. 姜容樵.形意母拳[M].太原:山西科学技术出版社,2003.
274. 宝鼎.形意拳谱[M].太原:山西科学技术出版社,2000.
275. 徐哲东.国技论略[M].太原:山西科学技术出版社,2003.
276. 吴图南.国术概论[M].北京:北京市中国书店,1984.
277. 吴图南.国术太极拳[M].太原:山西科学技术出版社,2001.
278. 任刚.中国通背拳术[M].2版.北京:北京体育大学出版社,2009.

279. 辽宁省武术挖整组,沈阳体育学院武术挖整组.通背拳[M].北京:人民体育出版社,1990.

280. 胡金焕,孙崇雄,阮宝翔.鹤拳 福建南拳[M].福州:福建人民出版社,1982.

281. 姚宗勋.意拳——中国现代实战拳术[M].北京:北京体育学院出版社,1989.

282. 胥荣东.大成拳[M].北京:宗教文化出版社,2003.

283. 尚济.形意拳技击术[M].太原:山西科学技术出版社,2013.

284. 曹志清.形意拳练法用法与功法[M].太原:山西科学技术出版社,2013.

285. 程庆余.戴式心意拳秘谱解读[M].北京:人民体育出版社,2014.

286. 金警钟.少林七十二艺练法精选[M].曹文,整理修订.山西:山西人民出版社,1988.

287. 叶准,卢德安,彭耀钧.叶问·咏春[M].北京:国际文化出版公司,2011.

288. 蓝晟.国学与太极拳[M].北京:当代中国出版社,2011.

289. 杨云中,蓝晟.上善若水[M].王壮弘,口述.海口:海南出版社,2009.

290. 徐皓峰.逝去的武林:一代形意拳大师口述历史[M].李仲轩,口述.海口:南海出版公司,2009.

291. 李帼忠,徐骏峰.高术莫用[M].北京:人民文学出版社,2013.

292. 徐皓峰,徐骏峰.武人琴音[M].韩瑜,口述.北京:人民文学出版社,2014.

293. 徐皓峰.道士下山[M].北京:人民文学出版社,2014.

294. 李玉栓.拳道述真[M].北京:人民体育出版社,2010.

295. 栗胜夫.少林拳珍诀秘要[M].北京:人民体育出版社,2007.

296. 梅墨生.大道显隐[M].2 版.北京:当代中国出版社,2010.

297. 马琳璋.心意拳真谛[M].太原:山西科学技术出版社,2003.

298. 马国兴.古拳论阐释[M].太原:山西科学技术出版社,2001.

299. 关玥.拳意禅心[M].太原:山西科学技术出版社,2015.

300. 季培刚.太极往事:晚清以来太极拳的传承系谱[M].北京:中国商业出版社,2011.

301. 张大为.武林丛谈[M].北京:当代中国出版社,2013.

302. 张力,龚建新.京城武林往事[M].青岛:青岛出版社,2013.

303. 梅墨生,李树峻.李经梧太极内功及所藏秘谱[M].北京:当代中国出版社,2010.

304. 钱惕明.太极内功心法全书[M].北京:人民体育出版社,2008.

305. 彭伟国.中华武术谚语[M].北京:电子工业出版社,1988.

306. 张大为.武术谚语释义[M].北京:红旗出版社,1988.

307. 黄逸武.内家拳的瑰宝　懂劲[M].北京:人民体育出版社,2015.

308. 孙锡堃.八卦拳真传[M].天津:天津市古籍书店,1987.

309. 孙禄堂.孙禄堂武学录[M].孙剑云,编.北京:人民体育出版社,2000.

310. 南怀瑾.太极拳与静坐[M].上海:上海书店出版社,2014.

311. 沈家桢,顾留馨.陈式太极拳[M].北京:人民体育出版社,1994.

312. 余功保.太极密码:中国太极拳百题解[M].北京:人民体育出版社,2009.

313. 万籁声.武术汇宗[M].天津:社会科学院出版社,2007.

314. 王芗斋."意"无止境[M].海口:海南出版社,2014.

315. 王宗岳,等.太极拳谱[M].沈寿,点校考释.北京:人民体育出版社,1995.

316. 和有禄.和式太极拳谱[M].北京:人民体育出版社,2003.

317. 李树栋.八极拳教程:霍氏八极拳传统训练方法揭秘[M].北京:人民体育出版社,2008.

318. 陈明杰.精武百年·精武一百周年纪念[M].上海:上海三联书店,2011.

319. 任海.中国古代的武术与气功[M].北京:商务印书馆,1996.

320. 张力为.体育科学研究方法[M].北京:高等教育出版社,2002.

321. 郑旗.体育科学研究方法[M].北京:人民体育出版社,2006.

322. 刘湘溶,刘雪丰.体育伦理:理论视域与价值范导[M].长沙:湖南师范大学出版社,2008.

323. 李培超.绿色奥运:历史穿越及价值蕴涵[M].长沙:湖南师范大学出版社,2008.

324. 周爱光.竞技运动异化论[M].广州:广东高等教育出版社,1999.

325. 程大力.体育文化历史论稿[M].成都:四川大学出版社,2004.

326. 陈伟.体育道德论[M].成都:四川科学技术出版社,2008.

327. 潘靖五,刘菊昌.体育道德研究[M].北京:北京体育学院出版社,1994.

328. 赵立军.体育伦理学[M].北京:北京体育大学出版社,2007.

329. 易剑东.体育文化学概论[M].台北:文津出版社,1998.

330. 童昭岗,孙麒麟,周宁.人文体育——体育演绎的文化[M].北京:中国海关出版社,2002.

331. 闰泉.江湖文化[M].北京:中国经济出版社,1995.

332. 龚正伟,王根,刘庆伟,等.我们需要什么样的体育:中国体育改革伦理理路与实践[M].长沙:湖南师范大学出版社,2011.

333. 何叙.中国近现代体育思想的传承与演变[M].北京:人民出版社,2013.

334. 洪丕谟.中国古代养生术[M].上海:上海人民出版社,1990.

335. 李宏斌.现代奥运困境的伦理透视[M].郑州:郑州大学出版社,2012.

336. 李力研.野蛮的文明[M].北京:中国社会出版社,1998.

337. 熊文.竞技体育与伦理[M].上海:华东师范大学出版社,2008.

338. 王震.先秦诸子体育思想研究[M].西安:陕西师范大学出版总社有限公司,2014.

339. 王京龙.战国百家争鸣与中华传统体育精神构架[M].北京:人民出版社,2012.

二、期刊论文

1. 陈来.中国近代以来重公德轻私德的偏向与流弊[J].文史哲,2020(1):5—23.

2. 钟宁,李泓祎.新时代社会主义核心价值观实践转化的挑战与机遇[J].社会科学家,2021(5):140—144.

3. 刘昌.中庸之可能与不可能:兼论中庸心理实证研究之困境[J].南京师大学报(社会科学版),2019(5):65—74.

4. 黄星星.孔子"中庸"思想的道德指向[J].伦理学研究,2020(6):21—27.

5. 白鹤,李雯.身心与书法艺术本质之关系——视觉艺术的韵律化[J].上海大学学报(社会科学版),2008,15(5):118—124.

6. 白鸿顺,李忠孝.当今武德论[J].西安体育学院学报,1992,9(2):68—71.

7. 喻文德.论社会主义核心价值观对实现中国梦的伦理支撑[J].中南大学学报(社会科学版),2014,20(6):40—44.

8. 杨振闻.中国人精神世界重建与社会主义核心价值观[J].求索,2017(2):88—94.

9. 包心鉴.习近平新时代中国特色社会主义思想的鲜明特质和社会主义核心价值观的本质规定[J].学校党建与思想教育,2018(1):4—9.

10. 冉亚辉.论社会主义核心价值观基本内容的理论内涵与伦理意义[J].理论月刊,2015(2):164—167.

11. 戴木才.对社会主义核心价值观几个基础理论问题的思考[J].马克思主义与现实,2017(4):174—180.

12. 刘芳.社会主义核心价值观研究述评[J].北京行政学院学报,2015(2):108—115.

13. 晏辉.价值哲学视阈中的心灵之序与世界之序[J].当代中国价值观研究,2017,2(4):5—17.

14. 陈延斌,张琳.中国公众怎样理解社会主义核心价值观——基于九省(市、区)5 162 个样本的研究报告[J].人民论坛・学术前沿,2015

(21):87—95.

15. 李民,向玉乔,黄泰轲.湖南省大学生对社会主义核心价值观的认知状况调查报告[J].伦理学研究,2015(6):1—10.

16. 韩震."民主、公正、和谐"体现了社会主义的核心价值追求——兼论社会主义核心价值观的凝练及其原则[J].红旗文稿,2012(6):8—12.

17. 刘建涛.社会主义核心价值观——重构中国现代文明秩序的时代自觉[J].北京师范大学学报(社会科学版),2015(5):5—10.

18. 周伟良,杨建营.论武德的历史发展与当代价值[J].中华武术(研究),2014, 3(2):6—19.

19. 周伟良.析中华武术中的传统武德[J].上海体育学院学报,1998, 22(3):12—17.

20. 孙泊.先秦儒家义利观的思想实质与时代构建[J].南通大学学报(社会科学版),2018, 34(2):26—31.

21. 徐秀娟,高春花.当代中国社会诚信道德的缺失与重构——以社会主义核心价值观建设为视角[J].伦理学研究,2016(4):13—16.

22. 甘绍平.对人类增强的伦理反思[J].哲学研究,2018(1):116—125.

23. 曾建平.绿色体育的伦理思考[J].道德与文明,2007(1):29—32.

24. 陈伯海."肉身"也能"证道"——论审美活动中的身心关系[J].文史哲,2010(5):115—122.

25. 陈德峰.群体本位文化传统的现代价值评估[J].江汉论坛,2002(6):15—18.

26. 陈芳,成双凤,刘斌.竞技体育运动中"黑哨"现象的伦理批判[J].伦理学研究,2009(6):86—88.

27. 陈勇,杨琳琳,陈旻.新时期体育道德价值观的建构探析[J].伦理学研究,2013(1):109—113.

28. 程大力."武德"是一个历史范畴——兼论"武德"在现代武术界提倡之不合时宜[J].体育文史,2000(3):39—40.

29. 程大力.清代少林与内家之争是政治舆论之战[J].体育学刊,

2014，21(6)：1—6.

30. 程大力.一个与中医理论有关的武术问题[J].搏击·武术科学，2010，7(6)：1—2.

31. 常云.从“持戈为武”到“止戈为武”——中国武术“和”的文化价值阐释[J].广西科技师范学院学报，2020，35(4)：90—93.

32. 张晨昕，刘映海.中华武术戒约及其当代传承与发展的伦理学思考[J].体育与科学，2019，40(2)：93—99.

33. 杜传扬，刘瑞强，李玉海.论武术文化的道德观[J].山东体育科技，2001，23(2)：79—80.

34. 冯冰.“中”“和”与“中和”——论礼乐的核心精神[J].华侨大学学报(哲学社会科学版)，2011(3)：1—7.

35. 冯鑫，尹碧昌.传统武德的人性基础及其伦理意蕴[J].武汉体育学院学报，2013，47(9)：50—53.

36. 高晨阳.论“天人合一”观的基本意蕴及价值——兼评两种对立的学术观点[J].哲学研究，1995(6)：22—28.

37. 龚正伟，刘湘溶.中西体育伦理研究现状分析[J].长沙理工大学学报(社会科学版)，2004，19(4)：24—26.

38. 龚正伟，石华毕.中华武术武德的源起及基本精神[J].伦理学研究，2013(6)120—124.

39. 龚正伟，徐丰铭，刘湘溶.体育伦理学论纲[J].长沙理工大学学报(社会科学版)，2007，22(1)：23—26.

40. 顾中亚.道德资本与中国体育企业可持续发展[J].伦理学研究，2012(6)：32—36.

41. 郭恒涛，李艳翎.传统义利观下当代竞技体育伦理观优化分析[J].伦理学研究，2013(3)：90—93.

42. 郭玉成.中国传统武术在当代社会的传承与发展[J].上海体育学院学报，2008，32(2)：51—57.

43. 郭玉成.中国民间武术的传承特征、当代价值与发展方略[J].上海体育学院学报，2007，31(2)：40—44.

44. 郭玉成,李守培.武术构建中国国家形象的定位研究[J].北京体育大学学报,2013，36(9):9—18.

45. 黄浩.当前竞技体育伦理精神的缺失及重塑[J].伦理学研究,2013(6):125—129.

46. 洪浩,田文波.辉煌与寂寥:中国传统武术的现代话语阐析[J].北京体育大学学报,2013，36(9):26—32.

47. 贾磊磊.血色记忆中的正义暴力——《叶问2:宗师传奇》的动作伦理[J].当代电影,2010(11):78—81.

48. 姜耕玉.中国古代相反相成的艺术辩证思想[J].艺术百家,2011(6):120—124.

49. 姜熙,朱东.从伦理学道德结构论角度建构现代武德体系——武德体系框架的建立[J].首都体育学院学报,2008，20(1):39—45.

50. 蒋伟.论宋代道德生活的主流价值诉求——理学伦理的视角[J].伦理学研究,2012(1):90—94.

51. 康中乾.论“天人合一”之“合”[J].人文杂志,1995(4):49—58.

52. 乐黛云.21世纪的新人文精神[J].学术月刊,2008，40(1):10—14.

53. 李宏斌.生态体育的生态伦理底蕴[J].伦理学研究,2011(1):119—121.

54. 李宏斌.中原传统武术文化的伦理意蕴及其价值[J].伦理学研究,2012(2):124—128.

55. 李军,解勇.武术散打的武德和行为规范的重建[J].体育学刊,2002，9(5):65—67.

56. 李磊.论少林武术道德的特征[J].体育学刊,2010，17(6):93—95.

57. 李力研.“尚武精神”与东方伦理——关于中华民族在东方复兴的体育研究[J].福建体育科技,1992(4):28—35.

58. 李朝旭.广东本土武术拳种缘起新说[J].文化遗产,2020(4):40—48.

59. 李守培，郭玉成，张勇.传统武术套路技术体系的标准化研究[J].中国体育科技，2013，49(3)：65—71.

60. 李守培，郭玉成.中国传统武术身心伦理的文化形成[J].体育科学，2017，37(4)：39—47.

61. 李守培，郭玉成.中国传统武术天人伦理的历史形成研究[J].体育科学，2016，36(12)：77—84.

62. 李守培，郭玉成.传统武术技术体系的标准化及其对策研究[J].体育科学，2015，35(2)：81—89.

63. 李守培，郭玉成.中国武术与日本空手道、韩国跆拳道段位制标准化水平比较研究[J].体育科学，2015，35(8)：86—91.

64. 李守培，郭玉成.社会转型期武术伦理研究路径阐释[J].成都体育学院学报，2015，41(3)：53—59.

65. 李守培，郭玉成.文化安全视域下的武术标准化问题及对策[J].上海体育学院学报，2015，39(5)：77—82.

66. 李守培，郭玉成.中国传统水文化对武术的影响[J].上海体育学院学报，2013，37(6)：72—76.

67. 李守培，郭玉成.中国传统武术的人文思维研究[J].武汉体育学院学报，2015，49(2)：52—57.

68. 李守培，郭玉成.中国武侠电影的武术传播分析[J].体育文化导刊，2016(3)：79—84.

69. 李守培，郭玉成.传统武术现代化的路径研究[J].山东体育科技，2013，35(1)：35—40.

70. 李有强.道家身体观及其体育思想的内在超越[J].体育科学，2015，35(6)：90—97.

71. 李志军，张赐东.客家武术“连城拳”的发展分析[J].湖南科技学院学报，2014，35(6)：91—94.

72. 栗胜夫，栗晓文.论中华武术之核心理念[J].体育科学，2014，34(11)：27—35.

73. 廖名春.清华简《保训》篇“中”字释义及其他[J].孔子研究，2011

(2):30—39.

74. 刘飞舟,蔡宝忠.对传统武德的现代教育功能及社会影响力研究[J].体育与科学,2009, 30(2):40—43.

75. 刘峻骧.古代哲理与伦理对中国武术形成和发展的影响[J].体育文史,1988(5):61—65.

76. 刘湘溶,龚正伟.体育运动中“兴奋剂使用”的伦理思考[J].伦理学研究,2004(5):84—87.

77. 刘湘溶,刘雪丰.当前竞技体育伦理问题及其实质[J].伦理学研究,2006(3):88—91.

78. 毛勇,吴光远.儒家伦理思想对传统武术道德的影响[J].山东体育学院学报,1998, 14(2):37—38.

79. 曲天敏.对武术与养生之历史关系的思考[J].武汉体育学院学报,2006, 40(8):88—90.

80. 权雅宁.诗教与中国“和”文化[J].孔子研究,2012(4):46—52.

81. 任海.论体育伦理问题[J].伦理学研究,2007(6):1—6.

82. 史国生.春秋战国时期儒家的体育伦理思想[J].体育文化导刊,2001(6):54—55.

83. 孙刚.基于“和合”理念的武德审美文化研究[J].山东体育学院学报,2013, 29(6):37—41.

84. 唐虹.生态中和:“和”之最高境界[J].社会科学家,2013(4):124—128.

85. 童旭东.孙存周武学思想概观[J].搏击,2010(9):18—19.

86. 万俊人.百年中国的伦理学研究[J].高校理论战线, 2012(12):23—26.

87. 万瑜.对传统武德的批判与创新[J].广州体育学院学报,2011, 31(6):44—47.

88. 王岗.太极拳:体认道德伦理的文化教场[J].南京体育学院学报,2011, 25(1):22—26.

89. 王岗,韩金清,侯连奎.中国武术“立德树人”的价值取向:求真向善尚美[J].体育学刊,2018，25(6):1—6.

90. 王根.竞技体育对社会伦理道德的双重影响[J].伦理学研究，2013(1):114—118.

91. 王林,赵彩红,黄继珍.传统武术传承的社会人类学解析[J].武汉体育学院学报,2010，44(12):21—27.

92. 王铁新,杜治华.中国当代体育伦理研究进展[J].体育文化导刊，2008(2):70—72.

93. 王伟凯.论“忍”与“和”的关系[J].兰州学刊,2012(1):18—21.

94. 王小兵.“断裂”抑或“连续”:明清之际峨嵋武术史再讨论[J].体育学刊,2016，23(1):41—45.

95. 王小锡.新中国伦理学六十年学术进路[J].道德与文明,2009(6):6—12.

96. 王小锡.展示体育伦理新境界之力作——评刘湘溶、李培超主编的《体育伦理学研究丛书》[J].道德与文明,2009(3):112—112.

97. 王泽应.百年伦理学研究回溯[J].东南学术,2000(5):28—34.

98. 文枫.体育伦理学的新视点——评《体育伦理:伦理视域与价值范导》[J].湖南师范大学社会科学学报,2008(6):142—143.

99. 谢超.2013 年全国哲学伦理学博士后学术论坛综述[J].伦理学研究,2013(4):138—140.

100. 习近平.在全国抗击新冠肺炎疫情表彰大会上的讲话(2020 年 9 月 8 日)[J].求是,2020(20):4—15.

101. 习近平.文明交流互鉴是推动人类文明进步和世界和平发展的重要动力[J].求是,2019(9):4—10.

102. 谢建平.要不要提倡武德?——兼与程大力同志商榷[J].体育文史,2001(3):39—40.

103. 熊文,马有保.竞技体育伦理研究述评[J].体育文化导刊,2008(3):75—80.

104. 薛龙.武术教学中武德教育改革研究[J].西安教育学院学报,2000(2):18—19.

105. 杨军，梅荣政.历史虚无主义批判：理论和方法[J].思想理论教育导刊，2015(1)：66—72.

106. 杨建营，邱丕相.从武德的实质和精神内核探析当代武术教育改革[J].沈阳体育学院学报，2009，28(3)：112—114.

107. 杨建营，王水利.中华武术的文化精神研究[J].武汉体育学院学报，2019，53(3)：58—62.

108. 杨亮斌，郭玉成，郭发明.论传统武术中的女性意象[J].成都体育学院学报，2015，41(5)：88—93.

109. 杨祥全，杨向东.论中国女性对武术文化的贡献[J].体育文化导刊，2006(4)：45—46.

110. 叶蓬.儒家“中”之范畴析义[J].河北师范大学学报(哲学社会科学版)，2011，34(6)：46—51.

111. 翟少红.从德治与法治的视角论现代武德教育实践[J].西安体育学院学报，2012，29(5)：570—573.

112. 张世英.超越之路[J].南京政治学院学报，2000，16(4)：23—30.

113. 张学智.中国哲学中身心关系的几种形态[J].北京大学学报(哲学社会科学版)，2005，42(3)：5—14.

114. 朱瑞琪.浅谈武德教育与精神文明建设[J].北京体育大学学报，1999，22(3)：13—15.

115. 郭玉成，李守培，刘韬光，等.中国武术教育倡议[J].武术研究，2021，6(12)：2.

三、学位论文

1. 周伟良.传统武术训练理论论绎[D].上海：上海体育学院，2000.

2. 刘树军.传统武德及其价值重建[D].上海：上海体育学院，2001.

3. 龚正伟.当代中国体育伦理建构研究[D].长沙：湖南师范大学，2006.

4. 江明华.竞技体育中不公平现象的伦理审视[D].重庆：重庆师范大学，2009.

5. 李印东.武术释义——武术本质及其功能价值体系的阐释[D].北京:北京体育大学,2006.

6. 廖国庭.竞技体育中使用兴奋剂问题的伦理审问[D].长沙:湖南师范大学,2013.

7. 陆浩然.安徽省心意六合拳发展现状与对策研究[D].西安:西安体育学院,2012.

8. 申彦庆.现代武术道德规范体系的构建[D].开封:河南大学,2007.

9. 宋大威.竞技体育运动中"黑哨"现象的伦理思考[D].济宁:曲阜师范大学,2012.

10. 孙术友.武术伦理文化与构建和谐高校校园的研究[D].西安:西安体育学院,2010.

11. 李守培.《中华武术》杂志的传播学分析[D].上海:上海体育学院,2010.

12. 唐韶军.生存・生活・生命:论武术教化三境界[D].上海:上海体育学院,2015.

13. 田学建.人学视野中传统武术价值思维方式研究[D].上海:上海体育学院,2007.

14. 王将.探求体育本真及内涵——关于体育伦理道德的价值审视[D].重庆:四川外语学院,2011.

15. 王军.传统武德对儒家伦理思想的汲取及融通思微研究[D].济南:山东师范大学,2003.

16. 夏旭峰.福安市金斗洋村畲家拳的传承研究[D].福州:福建师范大学,2014.

17. 晏波.残疾人竞技体育的伦理审视[D].长沙:湖南师范大学,2012.

18. 杨其虎.追寻竞技正义:竞技体育伦理批判[D].长沙:中南大学,2012.

19. 张新.中国古代不同历史时期体育伦理思想探析[D].重庆:西南师范大学,2002.

20. 周博.当代竞技体育伦理问题分析及其建构[D].石家庄:河北师范大学,2007.

21. 马淑娟.马克思主义中国化与中国伦理的历史变迁和理论思考[D].天津:南开大学,2013.

22. 吕连仁.民主革命时期毛泽东的农村阶级理论与政策研究[D].济南:山东大学,2015.

四、报纸

1. 习近平.坚持党的领导传承红色基因扎根中国大地　走出一条建设中国特色世界一流大学新路[N].人民日报,2022-04-26(01).

2. 习近平.青年要自觉践行社会主义核心价值观——在北京大学师生座谈会上的讲话[N].人民日报,2014-05-05(02).

3. 习近平.在知识分子、劳动模范、青年代表座谈会上的讲话[N].人民日报,2016-04-30(02).

五、英文期刊论文

1. Bäck, A; Kim, D. Pacifism and the Eastern Martial Arts[J]. Philosophy East and West, 1982, 32(2):177—186.

2. Bäck, A. The Way to Virtue in Sport [J]. Journal of the Philosophy of Sport, 2009, 36(2):217—237.

3. Bäck, A; Kim, D. Towards A Western Philosophy of the Eastern Martial Arts [J]. Journal of the Philosophy of Sport, 1979, 6(1):19—28.

4. Bäck, A; Kim, D. The Future Course of the Eastern Martial Arts [J]. Quest, 2012, 36(1):7—14.

5. Bäck, A. Games of Sport, Works of Art, and the Striking Beauty of Asian Martial Arts[J]. Journal of the Philosophy of Sport, 2013, 40(2):241—254.

6. Page, B. The Philosophy of the Dance [J]. Research Quarterly.

American Physical Education Association, 1933, 4(2):5—49.

7. Dykhuizen, CJ. Training in Culture: The Case of Aikido Education and Meaning-making Outcomes in Japan and the United States[J]. International Journal of Intercultural Relations, 2000, 24(6):741—761.

8. Becker, CB. Philosophical Perspectives on the Martial Arts in America[J]. Journal of the Philosophy of Sport, 1982, 9(1):19—29.

9. Luther, CA. National Identities, Structure, and Press Images of Nations: The Case of Japan and the United States[J]. Mass Communication & Society, 2002, 5(1):57—85.

10. Collinet, C; Delalandre, M; Schut, P; Lessard, C. Physical Practices and Sportification: Between Institutionalisation and Standardisation. The Example of Three Activities in France[J]. The International Journal of the History of Sport, 2013, 30(9):989—1007.

11. Holcombe, C. Theater of Combat: A Critical Look at the Chinese Martial Arts[J]. Historian, 1990, 52(3):411—431.

12. Columbus, PJ; Rice, DL. Psychological Research on the Martial arts: An addendum to Fuller's review[J]. British Journal of Medical Psychology, 1991, 64(2):127—135.

13. Carr, D. On the Moral Value of Physical Activity: Body and Soul in Plato's Account of Virtue[J]. Sport, Ethics and Philosophy, 2010, 4(1):3—15.

14. Fan, H; Lu, ZX. Introduction[J]. The International Journal of the History of Sport, 2014, 31(3):273—275.

15. Dejong, G; Kokinakis, CL; Kuntzleman, C. The Role of Assessment in Meeting the NASPE Physical Education Content Standards [J]. Journal of Physical Education, Recreation & Dance, 2002, 73(7): 22—25.

16. Guo, Y; Qiu, P; Liu, T. Tai Ji Quan: An Overview of Its History, Health Benefits, and Culture Value[J]. Journal of Sport and Health

Science, 2014, 3(1):3—8.

17. Bonde, H. Return of the Ritual: Martial Arts and the Young's Revolt Against the Youth Rebellion[J]. The International Journal of the History of Sport, 2009, 26(10):1523—1539.

18. Ahn, JD; Hong, SH; Park, YK. The Historical and Cultural Identity of Taekwondo as a Traditional Korean Martial Art[J]. The International Journal of the History of Sport, 2009, 26(11):1716—1734.

19. Vertonghen, J; Theeboom, M. The Social-psychological Outcomes of Martial Arts Practise among Youth: A Review[J]. Journal of Sports Science and Medicine, 2010, 9(4):528—537.

20. Cox, John C. Traditional Asian Martial Arts Training: A Review [J]. Quest, 1993, 45(3):366—388.

21. Corlett, J. Virtue Lost: Courage in Sport[J]. Journal of the Philosophy of Sport, 1996, 23(1):45—47.

22. Koh, TC. Chinese Medicine and Martial Arts[J]. The American Journal of Chinese Medicine, 1981, 9(3):181—186.

23. Belaief, L. Meanings of the Body[J]. Journal of the Philosophy of Sport, 1977, 4(1):50—67.

24. Theeboom, M; De Knop, P. An Analysis of The Development of Wushu[J]. International Review for The Sociology of Sport, 1997, 32 (3):272—273.

25. Skidmore, MJ. Oriental Contributions to Western Popular Culture: The Martial Arts[J]. The Journal of Popular Culture, 1991, 25 (1):129—148.

26. Parker, M; Hellison, D. Teaching Responsibility in Physical Education: Standards, Outcomes, and Beyond[J]. Journal of Physical Education, Recreation and Dance, 2001, 72(9):25—27.

27. Monahan, M. The Practice of Self-Overcoming: Nietzschean Reflections on the Martial Arts[J]. Journal of the Philosophy of Sport,

2007，34(1):39—51.

28. Nosanchuk，TA. The Way of the Warrior：The Effects of Traditional Martial Arts Training on Aggressiveness[J]. Human Relations，1981，34(6):435—444.

29. Petersen，TS. Good Athlete-Bad Athlete? on the "Role-Model Argument" for Banning Performance-Enhancing Drugs[J]. Sport，Ethics and Philosophy，2010，4(3):332—340.

30. Massanari，Ronald L. The Way to Go：Philosophy in Martial Arts Practice[J]. Journal of the Philosophy of Sport，2001，28(2)：245—251.

31. Trulson，M. Martial Arts Training：A Novel "cure" for Juvenile Delinquency[J]. Human Relations，1986，39(12):1131—1140.

32. Wertz，SK. Review of the Zen Way to Martial Arts[J]. Journal of the Philosophy of Sport，1984，11(1):94—103.

33. Moenig，U；Kim，M. The Japanese and Korean Martial Arts：in Search of a Philosophical Framework Compatible to History[J]. The International Journal of the History of Sport，2018，35(15—16)：1531—1554.

后记　格物格事终是格心

这部《中国武术伦理与道德》,是以“适中”为追求,对我的博士学位论文和博士后出站报告的总体整合与部分重构,几经损益,增删10万字而成。回思研究缘起,蓦然发现“格物格事,终是格心”。

幼时,祖父的种种言传身教,尤其老宅正堂高悬的字幅“道德为原本,知识极诚明”,树立起我对“道德”的敬畏之心。硕士毕业后,决心打开向往已久的文化之门,巧遇梁漱溟先生著述,对其论断“中国是伦理本位的社会”尤为服膺。继而,再求知于各家大作、文化原典,融会生活实践,更加深刻体认到“伦理”“道德”实为中国人、中国文化、中华文明的根本所系和特质所在。于是,当我有幸连续开启博士和博士后之门时,中国武术的“伦理之问”和“道德之义”,便自然成为我焚膏继晷、精意覃思的核心。至此始知:学术研究只是回归本心。

研究过程中得到很多帮助,尤其我的老师郭玉成先生,曾给予坚定支持和莫大鼓励;刘宝兄弟总是鼎力相助。如今,我已步入“而立”迈近“不惑”的时空之序,世事变幻,经年所感最深者,莫过于“感恩”和“放下”:感恩诸事磨砺与多方助益,放下诸般挂碍与岁月留痕。感恩,铭记于心;放下,无住而行。

最后,以苏轼晚年所作颇富禅意的《观潮》诗自勉:庐山烟雨浙江潮,未至千般恨不消。到得还来别无事,庐山烟雨浙江潮。

李守培

2022年7月于沪上·止斋

图书在版编目(CIP)数据

中国武术伦理与道德/李守培著.—上海:上海
人民出版社,2023
(体育文化丛书)
ISBN 978-7-208-18147-2

Ⅰ.①中… Ⅱ.①李… Ⅲ.①武术-体育伦理学-研
究-中国 Ⅳ.①G852

中国国家版本馆 CIP 数据核字(2023)第 027477 号

责任编辑 陈佳妮
封面设计 胡 斌 刘健敏

体育文化丛书
中国武术伦理与道德
李守培 著

出　　版 上海人民出版社
(201101 上海市闵行区号景路 159 弄 C 座)
发　　行 上海人民出版社发行中心
印　　刷 上海商务联西印刷有限公司
开　　本 635×965 1/16
印　　张 13
插　　页 4
字　　数 170,000
版　　次 2023 年 9 月第 1 版
印　　次 2023 年 9 月第 1 次印刷
ISBN 978-7-208-18147-2/G·2144
定　　价 56.00 元